그리스·로마 신화 12
오이디푸스 안티고네 에피고오니

메네라오스 스테파니데스 글 · 야니스 스테파니데스 그림
25년 동안의 신화 연구 끝에 완성한 이 작품은 1989년 세계에서 가장 오래되고 권위 있는 어린이 문학상 피에르 파올로 베르제리오상을 수상했습니다.

정재승 추천
KAIST에서 물리학을 전공하고 예일대학교 의대 정신과 연구원, 컬럼비아대학교 의대 정신과 조교수를 거쳐 현재 KAIST 바이오및뇌공학과 교수와 융합인재학부장으로 연구하고 있습니다. 의사결정 신경과학을 통해 정신질환을 탐구하고 사람을 닮은 인공지능을 개발합니다. 《과학 콘서트》《물리학자는 영화에서 과학을 본다》《인류탐험보고서》《인간탐구보고서》 등을 기획하거나 썼습니다. 책 읽기를 즐기며, 과학적 상상력과 신화적 상상력을 연결하고 싶어 합니다.

그리스·로마 신화 12
오이디푸스 안티고네 에피고오니

메네라오스 스테파니데스 글 | 야니스 스테파니데스 그림 | 정재승 추천

1판 1쇄 발행 2023년 11월 10일 | **1판 4쇄 발행** 2024년 12월 31일
펴낸이 정중모 | **펴낸곳** 파랑새 | **등록** 1988년 1월 21일(제406-2000-000202호)
주간 서경진 | **편집** 정혜연, 김보라 | **디자인** 권순영
마케팅 홍보 김선규, 고다희 | **디지털콘텐츠** 구지영
제작 윤준수 | **회계** 홍수진
주소 경기도 파주시 회동길 152 | **전화** 031-955-0700 | **팩스** 031-955-0661
홈페이지 www.yolimwon.com | **전자우편** bbchild@yolimwon.com
ISBN 978-89-6155-069-7 74800, 978-89-6155-964-5(세트)

Greek Mythology
Text copyright © Menelaos Stephanides Illustrations copyright © Yannis Stephanides All rights reserved. Korean translation copyright © 2023 by BluebBird Publishing Co. Korean translation copyright arranged with Sigma Publications F.& D. Stephanides O.E. through Shinwon Agency Co., Seoul.

이 책의 한국어판 저작권은 Shinwon Agency를 통한 독점 계약으로 파랑새에 있습니다.
저작권법에 의해 한국 내에서 보호를 받는 저작물이므로 무단 전재와 무단 복제를 금합니다.

어린이제품안전특별법에 의한 제품 표시
제조자명 파랑새 | 제조년월 2024년 12월 | 제조국 대한민국 | 사용연령 12세 이상

그리스·로마 신화 12

오이디푸스 안티고네 에피고오니

메네라오스 스테파니데스 글
야니스 스테파니데스 그림

파랑새

쉴 새 없이
달려온 '신화'라는
열차의 종착역에
이제 내릴 준비가
되었는가?

| 추천사 |

뇌과학으로 신화 읽기: 독립

 더없이 흥미롭고 아름다운 이야기인 그리스·로마 신화가 어느덧 마지막 장에 이르게 되었다. 쉴 새 없이 달려온 신화라는 열차의 종착역에 이제 내릴 준비가 되었는가? 이번 권에서 여러분은 오이디푸스와 안티고네의 비극적이면서도 성찰적인 여정을 함께하게 된다. 마지막 책장을 덮는 순간, 환한 미소와 함께 열두 권의 책을 읽어 낸 뿌듯함이 밀려올 것이다. 그리고 온갖 생각들이 차곡차곡 머릿속에 쌓여, 여러분을 훌쩍 성장시킨 그리스·로마 신화의 나이테를 언젠가 발견하게 될 것이다.

 그리스·로마 신화에는 유독 '가족 이야기'가 많이 등장한다. 신들의 가족 안에서 부모와 자식의 관계, 형제들 간의 관계는 대개 사랑으로 가득 차 있지만, 때로는 권위적이고 폭력적이기도 하다. 권력이나 시기, 질투가 더해지면 더욱 비극적인 종말을 맞이하게 된다. 가장 가까운 사이이지만 그래서 너무나 치명적인 '가족 이야기'가 그리스·로마 신화의 핵심이다.

　부모는 항상 가장 중요한 조력자이며, 형제는 더없이 소중한 동반자이다. 우리는 부모의 사랑, 형제간의 우애 덕분에 안정적으로 성장한다. 그렇다면 부모의 사랑, 형제간의 우애가 도달해야 할 가장 중요한 가치는 무엇일까? 결국 '독립'이다. 이 험한 세상을 홀로 살아 낼 자립적인 존재가 될 수 있도록 성장시키는 것이 부모의 사랑, 형제간의 우애가 주어야 할 덕목인 것이다.

부모가 우리를 지나치게 보호하고, 의사결정을 대신해 주며, 그들의 욕망을 덧씌우고, 구속적인 관계에서 벗어나지 못하게 한다면, 그것은 '어긋난 사랑'이다. 그리스·로마 신화에는 종종 어긋난 사랑이 등장하는데, 여지없이 비극적인 결말을 맺는다. 인간은 부모의 적절한 사랑 안에서, 숱한 실수를 범하며 세상을 살아갈 지혜를 배우고 독립된 자아를 형성해야 한다.

마지막 12권에서는 '독립'이라는 개념을 열쇳말로 주목하기를 바란다. 그리스·로마 신화는 모험을 통해 성장하고 결국 독립하는 이야기이다. 신화 속에서 겪는 숱한 시련은 모두 성장과 독립으로 가는 통과의례이다. 신이든 인간이든 간에 말이다. 열두 권의 그리스·로마 신화가 여러분이 독립적인 존재로 성장하는

데 기여하기를 바란다. 이제 여러분만의 인생 모험을 떠나 보시길 기대한다. 그리스·로마 신들과 함께 나도 여러분을 응원할 것이다.

정재승 (뇌과학자, 『인간탐구보고서』 『인류탐험보고서』 저자)

| 차례 |

추천의 글 6

저주받은 오이디푸스의 운명 15

오이디푸스 왕 39

콜로노스의 오이디푸스 133

테베를 공격한 일곱 명의 장군 211

안티고네 269

에피고오니 343

저주받은 오이디푸스의 운명

오이디푸스의 불행한 운명

"아! 제우스여, 당신은 정말 폭군입니다. 당신은 우리 인간을 조금도 가엾게 여기지 않으십니다. 인간을 만드신 당신이 우리의 인생을 온갖 고난과 시련으로 채우셨습니다."

위대한 시인 호메로스는 오디세우스가 당한 고통에 대해 신과 인간의 지배자인 제우스를 이처럼 거친 말로 비난했다. 만약 호메로스가 오이디푸스의 불행한 운명을 보았더라면 도대체 무슨 말로 어떻게 표현했을까? 신들은 아무 죄도 없는 그를 상상하기조차 힘든 비탄과 불행의 구렁텅이 속으로 던져 버렸으니 말이다.

오이디푸스의 운명은 그가 세상에 태어나기도 전에 이미 정해져 있었다. 그의 아버지 라이오스는 끔찍한 저주를 받고 있었다.

라이오스가 피사의 왕 펠롭스의 손님으로 갔을 때, 그는 펠롭스의 잘생긴 아들 크리시포스를 꾀어 나쁜 짓을 하려 했다. 그 때문에 크리시포스는 부끄러움을 이기지 못해 스스로 목숨을 끊고 말았다. 아들을 잃은 펠롭스는 억누를 수 없는 슬픔 때문에 사납게 외쳤다.

"라브다코스의 아들아, 내 아들을 죽인 것은 바로 너다. 그러니 나는 내 소망과 저주를 너에게 줄 것이다. 내 소망은 네가 절대로 아들을 낳지 못하는 것이다. 그래야 나와 같이 아들 없는 고통을 맛볼 테니까 말이다. 하지만 만약 네가 아들을 낳게 되면 너는 바로 네 아들의 손에 죽게 될 것이다!"

그러나 라이오스는 펠롭스의 지독한 독설을 귓전으로 흘려들었다. 그리고 고국인 테베로 돌아와 때마침 아버지

라브다코스에게서 왕위를 물려받았다.

하지만 그에게는 남의 호의를 그토록 비열하게 짓밟은 데 대한 대가를 치를 날이 다가오고 있었다. 그 자신뿐만 아니라 테베 백성들과, 무엇보다 아무 죄도 없는 자신의 아들 오이디푸스에게까지도……

태어나선 안 될 아이가 태어나다

몇 해가 흘러 라이오스는 메노이케우스의 딸 이오카스테와 결혼했다. 그런데 두 사람 사이에는 아기가 생기지 않았다. 라이오스는 왕위를 물려줄 왕자가 태어나지 않아 늘 마음이 무거웠다.

"델파이에 있는 아폴론의 신탁에 가서 뭐가 잘못된 건지 알아보아야겠소. 그리고 신들께 내 뒤를 이을 아들을 주십사 하고 청해 보아야겠소."

초조하게 아이를 기다리던 라이오스가 아내 이오카스테에게 말했다. 이오카스테는 신탁을 꼭 믿는 것은 아니었지만, 그러는 편이 좋겠다고 고개를 끄덕였다. 그래서 라이오스는 아폴론의 도움을 청하러 선물을 가득 싣고 길을 떠났다.

그러나 아폴론의 사제로부터 자신에게 닥쳐오고 있는 운명을 들었을 때, 라이오스는 너무 무서워 몸을 움츠렸다.

"라브다코스의 아들아, 너는 아버지가 되는 기쁨을 누리고 싶다고 청했다. 바라는 대로 아들을 갖게 해 주마. 그러나 정해진 운명에 따라 너는 네 아들의 손에 죽을 것이다. 그리고 네 가족 모두가 자기가 흘린 피에 흠뻑 젖게 될 것이다. 크리시포스의 죽음에 대한 복수는 반드시 이루어져야 한다는 게 제우스 신의 뜻이니라."

라이오스는 머리를 조아려 절을 하고는 테베로 돌아오는 여행길에 올랐다.

"펠롭스의 저주는 공연한 헛소리가 아니었구나."

라이오스는 말을 타고 앉아서 중얼거리며, 어떻게 하면 이 저주받은 운명을 피해 나갈 수 있을지 곰곰이 생각했다. 번민 속에서 라이오스는 궁궐에 닿았고 그를 맞이하러 나온 이오카스테에게 짧게 말했다.

"오늘 밤부터 각자 따로 자도록 합시다."

"어머나, 왜요?"

이오카스테는 소스라치게 놀라서 물었다.

"우리는 아이를 가져서는 안 되기 때문이오."

"다른 사람도 아닌 바로 당신이 그런 말씀을 하시다니요?"

그녀는 뜻밖의 말에 매우 당황해서 되물었다.

"그렇소. 그렇게 아들을 바라던 나였소. 하지만 어쩌겠소. 델파이 신탁은 나에게 경고했소. 내가 아들의 손에 죽게 될 거라고 말이오."

그러나 이오카스테는 한낱 예언 따위에 그렇게까지 두려워하는 남편을 이해할 수가 없었다.

"신탁은 엉터리일 때가 많아요. 우리 둘 다 아이 갖기를 그렇게 바랐는데 이제 와서 아이를 갖지 말자니 그런 말이 어디 있어요?"

그녀는 가볍게 대꾸했다.

그러나 라이오스의 마음은 쉽게 바뀌지 않았다. 그래서 그때까지도 여전히 아이를 간절히 바라고 있던 이오카스테는 남편을 속이기로 작정했다.

어느 날 라이오스가 잔치를 벌였다. 이오카스테는 라이오스의 술잔에 가득가득 술을 따르며 그가 술에 취해 곯아떨어질 때까지 계속 술을 권했다. 그런 뒤 그녀는 왕을 침실로 이끌었고 한 침대에서 같이 잠을 잤다.

그로부터 아홉 달이 지나자, 라이오스가 그렇게도 피하려고 애썼던 아기가 태어났다. 아들이었다. 이오카스테는 무척 기뻤다. 그러나 라이오스는 신탁의 예언대로 아들이 태어나자 두려움에 떨었다. 그래서 어떻게 하면 자신의 아이를 없애 버릴 수 있을까 하는 생각뿐이었다.

버려졌지만 살아남은 아이

결국 라이오스는 아이가 세 살이 되기 전에 문제를 해결하려고 마음을 굳게 먹고 믿을 만한 양치기를 불렀다. 그는 양치기에게 아이를 맹수들에게 잡아먹히도록 키타이론산 기슭에 내다 버리라고 시켰다.

버려진 아이가 기어다니다가 친절한 사람들의 눈에 띄게 될까 봐 라이오스는 아이의 발 사이에 쇠막대를 끼워 넣고 밧줄로 꽁꽁 묶었다. 그러고는 양치기에게 아이를 데려가 나무에 묶어 두라고 명령했다. 너무나 잔인한 왕의 명령에 잔뜩 겁을 먹은 양치기의 눈빛을 보고 라이오스가 덧붙였다.

"내가 시킨 대로 하지 않는 날엔 네 녀석을 죽여 버릴 테다, 알겠느냐?"

"예, 전하. 틀림없이 분부대로 하겠습니다."

양치기는 두려움에 떨며 대답했다. 그가 아이를 데리고 궁궐을 나설 때, 그의 귀에 절망적으로 울부짖는 이오카스테의 울음소리가 들려왔다. 그 소리에는 왕비이거나 거지이거나 간에, 가장 소중한 것을 빼앗긴 어머니의 슬픔이 담겨 있었다.

가엾은 여인의 처절한 울부짖음을 듣자, 양치기는 아이를 늑대 밥으로 던져 버릴 수 없다는 생각이 들었다. 그래서 아이를 구해 줄 방법이 없을까 궁리하기 시작했다.

산허리에 이르렀을 때 양치기는 오래된 친구를 만났다. 그 친구 역시 코린토스의 폴리보스 왕의 양을 돌보고 있었다. 그가 마음씨 착한 사람인 것을 알고 있었으므로 양치기는 아이에 대해 모든 것을 털어놓았다. 어떻게 해서 아이를 데리고 오게 되었는지, 또 앞으로 아이를 어떻게 해야 되는지까지 모두 말이다.

그러자 친구가 말했다.

"그 아이를 나에게 주게. 그러면 아이를 코린토스로 데려가 폴리보스 왕에게 주겠네. 왕은 아이가 없으니까 그 아이를 보면 틀림없이 기뻐할 걸세."

라이오스의 양치기가 대답했다.

"그런데 한 가지 조건이 있네. 이 아이를 준 사람이 나라는 사실을 누구에게도 말해선 안 되네. 그냥 자네가 어디서 주웠다고 둘러대게. 자네 좋을 대로 이야기를 꾸며서 말일세. 이 아이를 버린 사람이 테베의 왕이라는 것도 절대로 말해선 안 되네. 그렇게 하겠다고 약속하면 자네에게 아이를 넘겨주겠네."

폴리보스의 양치기는 그러겠다고 약속했다. 즉시 두 사람은 가엾은 아이의 다리를 묶은 밧줄을 풀어 주고 피 묻은 상처를 닦아 주었다. 폴리보스의 양치기는 아이를 안고 부드럽게 흔들어 어르면서 코린토스의 폴리보스 왕에게 데려갔다.

폴리보스와 그의 아내 메로페는 뜻밖의 선물을 받고 기뻐했다. 아이가 주는 기쁨을 누리지 못했던 그들 부부는 그 아이를 아들 삼아 키워서 언젠가 코린토스를 다스리게 할 작정이었다.

이제 아이에게는 이름이 필요했다. 아이의 발을 보니, 너무나 꽁꽁 묶인 탓에 가엾게도 퉁퉁 부어올라 있었다. 그래서 그들은 그 아이를 '부어오른 발'이란 뜻으로 '오이디푸스'라고 부르기로 했다.

그리하여 오이디푸스는 폴리보스 왕과 메로페를 친부모라 믿고 코린토스의 궁궐에서 자라나게 되었다. 세월이 흘러 그는 잘생기고 건장한데다 똑똑하고 용감한 청년으로 성장했다. 달리기와 도약만 빼면 그는 모든 운동 경기에서 동료들의 부러움과 감탄 섞인 눈길을 받았다.

그런 오이디푸스에게도 한 가지 결점이 있었다. 친아버지인 라이오스를 닮아 성격이 불같았던 것이다.

어느 날, 술자리에서 술에 취한 한 귀족 청년이 오이디푸스가 코린토스의 왕위를 이어받을 사람이라는 사실도 잊은 채 오이디푸스를 보고 웃음을 터뜨렸다. 그리고 그를 조롱하기 시작했다.

오이디푸스는 몹시 화가 나서 모든 사람이 보는 앞에서 모욕적인 말로 되쏘아 주었다. 그랬더니 그는 오이디푸스의 면전에다 대고 더 무례한 말을 내뱉었다.

"사생아 주제에! 너는 정말 폴리보스 왕이 네 아버지라고 생각하는 거냐?"

"도대체 무슨 소리냐?"

오이디푸스는 너무 화가 나서 미친 사람처럼 고함을 질렀다. 그러고는 그를 한 방에 때려눕혀 기절시켜 버렸다.

하지만 그 순간부터 오이디푸스의 마음속에서는 자신의 출생에 대한 의혹이 불쑥불쑥 고개를 들어 그를 괴롭히곤 했다. 이윽고 그의 불안은 폴리보스와 메로페에게도 전해졌고, 그들은 오이디푸스에게 그가 친아들이라고 믿게 하려고 애를 썼다. 그러나 오이디푸스는 그 문제를 아무 일도 없었던 것처럼 덮어 둘 수가 없었다.

결국 그는 델포이로 가서 아폴론의 신탁에 물어보기로 마음먹었다. 신탁에 질문을 던지려고 피티아 앞에 선 그는 숨을 크게 들이마셨다.

그리고 신이 자신에게 내려준 운명이 무엇이든 받아들이리라 굳게 다짐했다. 자신이 설령 초라하기 짝이 없는 거지의 아들이라 할지라도 말이다.

사제의 입술을 빌려 들려준 신의 대답은 훨씬 더 끔찍했다.

"저주받은 인간이여, 당장 이곳을 떠나라. 너는 네 아버지를 죽이고 왕좌를 차지할 것이고, 너를 낳아 준 어머니와 결혼할 것이다. 그리고 그녀와의 사이에서 신들이나 인간들이 모두 고개를 돌릴 정도로 못난 자식들을 낳게 될 것이니라."

신탁이 말하는 아버지와 어머니가 폴리보스와 메로페라고 믿은 오이디푸스는 너무나 혼란스러워서 그 자리에 쓰러질 지경이었다. 그래서 오이디푸스는 코린토스로 돌아가지 않기로 마음먹었다. 대신 그가 택한 길은 그의 진짜 아버지인 라이오스가 다스리는 테베로 향하는 길이었다.

아버지와 아들의 운명적인 만남

바로 그날, 라이오스도 테베를 떠나 델포이로 향하고 있었다. 그는 어떻게 하면 온 나라를 들쑤셔 놓은 무시무시한 괴물 스핑크스로부터 테베 사람들을 구해 낼 수 있을지를 물어보려고 신탁으로 가는 길이었다.

라이오스는 전령관(왕의 말을 국민에게 전하는 관리)과 세 명의 신하를 거느리고 전차를 타고 있었다. 아버지와 아들은 서로를 알아보지 못하고 다울리스 근처의 세 갈래 길에서 숙명적으로 만나게 되어 있었다.

그런데 그 교차로는 너무 좁아서 전차 한 대가 간신히 지나갈 정도였다. 오이디푸스는 그 전차에 타고 있는 사람들이 왕의 일행이라고는 짐작도 하지 못했다.

그는 전차가 지나갈 수 있도록 길 한편으로 바짝 붙어서 걸어갔다. 자리는 충분했기 때문에 길을 비켜 줄 생각은 하지 않았다.

그런데 라이오스가 대뜸 소리를 질렀다.

"여봐라, 젊은이! 당장 그 자리에 서지 못할까. 손윗사람부터 지나가게 하는 게 도리가 아닌가?"

"내게 손윗사람은 오직 내 부모와 신들뿐이오!"

오이디푸스는 이렇게 쏘아 주고는 가던 길을 계속 가려 했다. 그러자 전차를 몰던 신하가 화가 나서 소리쳤다.

"그래? 그렇다면 네 녀석을 흠씬 패 주마. 이 허풍쟁이 놈!"

그러고는 쇠를 두른 무거운 전차 바퀴로 오이디푸스의 발을 치어 버리려고 고삐를 당겼다. 동시에 라이오스는 채찍을 높이 들어 오이디푸스의 얼굴을 내리쳤다.

그와 동시에 피할 수 없는 일이 벌어졌다. 너무나 아파서 화를 참지 못한 오이디푸스가 들고 있던 지팡이로 왕의 가슴을 친 것이다.

그 충격이 어찌나 컸던지 라이오스는 그 길로 전차에서 굴러떨어져 죽고 말았다.

왕을 따르는 사람들이 칼과 창을 들고 오이디푸스에게 덤벼들었다. 그러나 힘으로도 기술로도 그를 당해 내지 못하고 차례차례 죽고 말았다. 그들 중 한 명만이 무기를 버리고 걸음아 나 살려라 달아나 버렸다.

교차로에서 싸움을 끝낸 오이디푸스는 테베를 향해 계속 걷기 시작했다. 자신이 테베의 왕을 죽였으며, 그 사람이 바로 자신의 친아버지라는 사실은 까맣게 모르는 채.

스핑크스로부터 테베를 구하다

오이디푸스는 피키온산을 가로지르다 길 한쪽 바위에 걸터앉아 있는 괴물을 보았다. 그것은 여자의 머리와 가슴, 사자의 몸, 독수리의 날개 그리고 쇠로 된 날카로운 발톱과 용머리 모양의 꼬리를 가진 '스핑크스'라는 무시무시한 괴물이었다.

불을 내뿜는 괴물 티폰과 에키드나의 딸인 이 괴물 때문에 테베 사람들은 한시도 마음 편할 날이 없었다.

스핑크스는 날카롭고 단단한 발톱으로 사람이나 짐승을 갈가리 찢어 버렸기 때문이었다. 용감한 젊은이들이 수없이 이 괴물을 없애겠다고 나섰지만, 제대로 싸워 보지도 못하고 모두들 죽고 말았다.

스핑크스는 늘 지나가는 사람을 불러 세워 놓고 어려운 수수께끼를 냈다. 그리고 대답을 하지 못하면 그 자리에서 죽여 버렸다. 이제까지 그 수수께끼를 푼 사람은 단 한 명도 없었다. 그때마다 스핑크스는 두려움에 떠는 사람을 게걸스럽게 먹어 치웠다.

그러나 사람들은 그 수수께끼를 풀어 낸다 해도 노발대

발한 스핑크스가 바위에서 뛰어내려 와 온몸을 부숴 버린다고 말하곤 했다. 그 수수께끼의 내용이 무엇인지 아는 사람은 한 명도 없었다. 일단 그 수수께끼를 들은 사람은 그 누구도 살아 돌아오지 못했으니까 말이다.

그러나 겁이 없는 오이디푸스는 스핑크스를 보자 당장 그 괴물을 향해 다가갔다. 그는 테베 사람들을 괴롭히는 골칫덩이 괴물을 없애기로 마음먹었다. 성공하지 못하면 자기보다 앞서 그 일에 도전했던 다른 사람들처럼 죽을 각오를 하고선 말이다.

그러나 자신을 향해 다가오는 오이디푸스를 발견하고도 날개 달린 이 괴물은 덤벼들 생각도 하지 않고 느긋해했다. 스핑크스는 자신에게 도전해 온 영웅들이 자기가 던져 준, 절대로 풀 수 없는 수수께끼를 가지고 끙끙거리고 창피해하는 꼴을 보기를 즐겼던 것이다.

스핑크스가 오이디푸스에게 수수께끼를 냈다.

"아침에는 네 발로 움직이고, 한낮에는 두 발로 서서 똑바로 걷고, 저녁때는 세 발이 되는 게 무엇이냐?"

문제를 듣자마자 오이디푸스는 조금도 망설이지 않고

대답했다.

"그건 바로 사람이다. 사람은 갓난아기 때는 손과 무릎으로 기어다니니까 네 발이고, 어른이 되면 똑바로 서서 두 발로 걷고, 늙어서는 지팡이의 도움을 받으니 세 발이 되는 것이다."

오이디푸스가 대답을 채 끝내기도 전에, 스핑크스는 화가 치밀어 올라 온몸을 부들부들 떨었다. 얼마나 부끄럽고 화가 났던지 스핑크스는 걸터앉아 있던 높다란 바위에서 고꾸라졌다. 그리고 아주 먼 곳까지 땅이 흔들리도록 천둥처럼 요란한 소리를 내며 쓰러졌다.

마침내 무시무시한 괴물은 이렇게 사라졌다. 오이디푸스는 무기라고는 손에 대지도 않고 오로지 지혜만으로 테베 사람들을 재앙으로부터 구해 냈다.

괴물이 쓰러지는 것을 보자, 스핑크스가 무서워서 숨어 있던 사람들이 여기저기에서 나타나 오이디푸스에게로 달려왔다. 그들은 기쁨에 넘쳐 소리를 지르며 숨이 막히도록 서로 얼싸안았다. 그리고 그들은 새롭게 탄생한 영웅을 어깨 높이까지 들어 올려 걸음도 당당하게 테베까지 행진해 갔다.

한편 교차로에서 벌어진 싸움에서 살아남은 라이오스의 하인도 테베로 돌아왔다. 그는 왕과 그를 수행하던 신하들이 어떻게 죽었는지 차마 사실대로 말할 수가 없었다. 어떻게 지나가던 단 한 명의 젊은이 손에 그들이 모조리 죽임을 당했다고 말할 수 있겠는가? 그래서 그는 떼강도가 왕의 일행을 덮쳤다고 꾸며 댔다.

너무나 갑작스럽게 왕이 죽었다는 소식을 듣고 사람들은 몹시 슬퍼했다. 사람들의 슬픔이 잦아들 즈음, 이오카스테 왕비의 동생 크레온은 회의를 소집해 모든 시민을 모이게 했다. 그리고 연설을 하기 시작했다.

"테베 시민들이여, 재앙이 한꺼번에 우리에게 닥쳐왔소. 그동안 우리는 스핑크스 때문에 두려움에 떨며 살았소. 지금 우리는 그 몹쓸 괴물을 없앨 방법을 알아보러 델포이로 가던 우리의 왕까지 잃고 말았소. 지난 며칠 동안 이 나라는 무방비 상태였소. 그 이유는 다들 아시다시피 왕위를 이어받을 후계자가 없기 때문이오. 선장 없이 배가 멀리 항해할 수는 없는 법이오.

하지만 선장이 있다 해도 스핑크스 같은 골칫거리를 안고 있다면 그 배도 그만큼 위험할 것이오. 선장이 아무리 유능하다 해도 말이오. 그래서 나는 제안하오. 누구든 스핑크스의 손아귀에서 테베를 구해 내는 사람에게 상으로 라이오스의 왕좌와 왕비 이오카스테를 아내로 주는 게 어떻겠소?"

하지만 스핑크스라는 말만 듣고도 테베 사람들은 두려움 때문에 온몸이 굳어 버린 듯했다.

이 도시에서 용감하다는 젊은이라면 누구든 이미 무시무시한 괴물을 처치하러 갔다가 목숨을 잃었다.

이제 누가 남아 있어 감히 스핑크스에게 다가가려 하겠는가? 정신이 똑바로 박힌 사람이라면 누가 스스로 자기 무덤을 향해 가려 하겠는가?

테베의 왕이 된 오이디푸스

사람들이 두려움에 벌벌 떨며 서 있을 때, 놀라운 소식을 가지고 온 사람이 달려들어 오면서 외쳤다.

"형제들이여! 스핑크스가 죽었소! 이제는 우리가 두려

워할 게 아무것도 없어요. 어떤 영웅이 뱃심 좋게 괴물과 맞섰단 말이오. 그가 수수께끼를 단번에 풀어 버리니까 괴물은 바위에서 고꾸라져 그대로 떨어져 죽었어요."

그것은 정말 믿기 어려운 소식이었다. 순간 사람들은 웅성거리기 시작했다. 그중에는 너무 기뻐서 우는 사람도 있었고, 또 자신들에게 드리워졌던 저주가 걷혀 버렸다는 사실을 아직도 믿지 못하는 사람도 있었다.

그때 도시를 둘러싼 성벽에 나 있는 거대한 성문으로 엄청난 사람들의 물결이 쏟아져 들어왔다.

그들은 어깨에 오이디푸스를 태우고 들어와서는 크레온이 서 있는 연단 위에 내려놓았다. 더 이상 의심할 여지가 없었다. 괴물은 죽었다. 바로 이 영웅이 도시를 구한 것이다. 그리고 이제 그는 그 상으로 테베의 왕좌와 이오카스테 왕비를 차지하게 되었다.

이렇게 해서 오이디푸스는 자신도 모르는 사이에 아버지를 죽이고 자기를 낳아 준 어머니와 결혼하게 되었다.

오이디푸스는 연달아 일어난 일들에 의해 생긴 변화가 만족스러웠다. 이곳에서 왕으로 살아가는 동안은 자신의 운명을 이길 수 있으리라고 믿었기 때문이다.

그렇다고 해도 그는 마음속 깊이 한 가지 다짐한 게 있었다. 그것은 앞으로 영영 코린토스에는 한 발짝도 들여놓지 않고 살겠다는 것이었다.

아무것도 모르는 불쌍한 오이디푸스여! 네가 이미 네 아버지를 죽였으며, 네 어머니와 결혼했다는 것을 어찌 짐작이나 했으랴. 이 모든 것은 네가 태어나기도 전에 이미 정해져 있던 운명이었다. 이것이 바로 펠롭스의 저주가 힘을 발휘하고, 라이오스가 저지른 역겨운 죄에 대한 벌이며, 아폴론의 뜻이었다.

오이디푸스는 이오카스테와 결혼하여 네 명의 자식을 낳았다. 에테오클레스와 폴리네이케스란 아들 두 명과 안티고네와 이스메네라는 두 딸이었다.

그렇게 해서 오이디푸스가 친어머니와의 사이에 자식인 동시에 형제인 아이를 낳으리라던 신탁의 예언도 맞아떨어졌다.

그렇지만 그 자신을 포함한 테베 사람들 가운데 누구도 그러한 사실을 아는 이는 없었다.

단지 그 도시에 살고 있던 위대한 맹인 예언자 테이레시아스만이 오이디푸스가 곁에 있다는 느낌이 들면 아무 말도 하지 않고 얼굴을 돌려 버리곤 했다.

이후 오이디푸스는 자신을 구세주로 계속 떠받드는 백성들의 사랑을 듬뿍 받으며 현명하게 테베를 다스렸다. 그 뒤 몇 년 동안 그가 다스리는 나라 어디에도 어두운 그림자라고는 찾아볼 수 없었다. 그래서 오이디푸스는 자신이 세상에서 가장 행복한 사람이며, 신들이 자신에게 특별한 호의를 가지고 굽어살피고 있다고 믿었다.

그러나 올림포스의 신들은 라브다코스의 자손들이 죄의 대가를 치러야 한다는 것을 잊지 않았다. 비록 그 벌이 다소 천천히 오게 될지언정, 오이디푸스가 자신도 모르는 사이에 저지른, 인간으로선 차마 할 수 없는 일이 용서를 받았거나 펠롭스의 저주가 풀려 버린 것은 아니었다.

신들은 오이디푸스가 행복의 계단을 밟고 높이높이 올라가도록 도와주었다. 그러나 그것은 단지 이제 곧 닥쳐 올 그의 고통을 더 견디기 어렵게 하고, 그의 추락을 더 끔찍하게 만들기 위한 것일 뿐이었다.

그렇지만 왜? 단지 인간에게 신들의 힘을 보여 주기 위해서?

그건 아니다. 그들은 결백할지 모르지만 불운한 오이디푸스를 잊지 않았다. 그리고 운명은 그 끔찍한 진실이 바로 오이디푸스 자신의 손에서부터 밝혀지기 시작하도록 정해져 있었다.

처음으로 저 끔찍한 진실이 어렴풋이 모습을 드러냈을 때, 그는 아무리 끔찍하다 해도 모든 것을 밝히고 싶어 했다. 자신이 얼마나 엄청난 대가를 치러야 하는지 알지도 못하고 사실을 밝혀야 한다고 고집을 피웠던 것이다.

원래 양심의 가책은 진짜 죄를 지은 사람보다 결백한 사람을 훨씬 더 모질게 괴롭히는 법이다. 오이디푸스도 이제껏 어떤 인간이 당한 고통보다 더한 벌을 받겠다고 주장하면서 자기 자신을 몰아붙였다.

지금까지의 이야기와 앞으로 계속될 이야기는 모두 소포클레스의 불멸의 비극 <오이디푸스 왕>을 기초로 하여 쓴 것이다. 이 작품이 희곡인 만큼 독자들은 무대 위 배우들을 상상하며, 대사와 합창을 곱씹으며 읽기 바란다.

오이디푸스 왕

테베를 덮친 신의 분노

또다시 테베에 어두운 나날들이 닥쳐왔다. 사정은 스핑크스의 위협에 시달리며 살던 때보다 훨씬 더 나빴다. 백성들은 다시금 절망 속으로 빠져들었다.

신들의 제단에서는 날마다 사람들이 바친 제물에서 나오는 연기가 하늘 높이 피어올랐다. 그리고 사제들의 간절한 기도와 테베 사람들의 신음 소리가 사방에서 들려왔다.

새롭게 짊어진 견딜 수 없는 짐의 무게에 눌려 고통받

고 죽어 가는 사람들을 보면서 테베 시민들은 어찌할 바를 몰랐다. 도시의 원로들은 제우스 신전의 사제가 이끄는 대로 오이디푸스 왕의 궁궐 앞으로 모여들었다. 그중에는 젊은이와 어린이도 많이 섞여 있었다.

그곳에 모인 사람들의 얼굴마다 두려움과 고통이 그대로 드러나 있었다. 그들은 모두 궁궐 밖에 있는 신들의 제단 앞에 열렬한 기도를 바치려고 신성한 나뭇가지를 들고 있었다.

잠시 뒤 오이디푸스 왕이 궁궐에서 나왔다. 그는 고통 때문에 잔뜩 일그러진 얼굴로 군중들을 내려다보았다. 그리고 걱정스러운 목소리로 물었다.

"카드모스의 후손이며 나의 자식들아, 너희는 왜 제단에 신성한 나뭇가지를 바치고 무릎 꿇고 기도를 올리고 있느냐? 너희들이 모여드는 것을 보고 내가 직접 너희들이 원하는 게 무엇인지 알아보려고 이렇게 왔느니라."

오이디푸스는 제우스의 사제에게 물었다.

"존경하는 사제님, 말씀해 보세요. 여기 모인 사람들을 대표해서 말하기에는 당신이 적당할 것 같군요. 왜 여기에 오셨지요? 말해 보세요. 나는 여러분이 원하는 것은 무엇이든지 다 하겠습니다. 여러분이 왜 여기까지 와서 무릎을 꿇지 않으면 안 되는지, 그리고 여러분의 고통이 얼마나 클지 너무나도 잘 알고 있기 때문입니다."

그러자 사제가 대답했다.

"강력한 오이디푸스 왕이시여, 이 연약한 아이들과 꽃다운 젊은이들을 보십시오. 이들은 벌써 몇 해 동안이나 몸을 움츠리고 시들어 가고 있습니다. 또 제우스 신의 사제인 저도 당신의 제단에 무릎을 꿇었습니다. 나머지 백성들도 저 아래에 있는 아테나 신전과 아폴론 신전 앞 광장에서 고개를 숙이고 기도를 올리고 있습니다. 지금 이 땅에 덮쳐 온 불행 앞에서 우리의 도시가 휘청거리고 있기 때문입니다. 곡식은 들판에서 시들어 가고, 전염병이 휩쓸어 가축들이 죽어 가고 있습니다. 여인네들은 배 속에서 이미 죽어 버린 아이를 낳습니다.

아, 그뿐이 아닙니다. 아폴론 신께서는 백성을 모조리 죽여 버릴 무시무시한 병을 풀어놓았습니다. 이 때문에 슬픈 통곡 소리가 흘러나오지 않는 집이 없습니다. 그리고 저승에도 이미 죽은 테베 사람들의 슬픈 울부짖음과 신음 소리가 넘쳐 나고 있다고 합니다.

이것이 바로 늙은이나 젊은이나 어린아이 할 것 없이 모두 당신의 집 앞 제단을 찾아와 울며 매달리는 이유입니다. 저희는 당신이 저희를 구할 수 있는 힘을 가진 유일한 분이라고 굳게 믿습니다.

당신은 어쩌면 신과 같지 않을 수도 있습니다. 그렇다 해도 당신은 이 도시에서 가장 중요한 사람이며 가장 현명한 분입니다. 당신은 예전에 잔인한 스핑크스로부터 저희를 구해 주신 적이 있습니다. 그러니 이제 신들께 도움을 청하든, 당신의 강한 힘을 쓰시든 간에 다시 한번 저희를 구할 방법을 찾아 주십시오. 바로 그 때문에 저희가 당신의 발아래 무릎을 꿇고 간절히 청하는 것입니다.

오이디푸스 왕이시여, 부디 테베가 완전히 망해 버리기 전에 거대한 재앙으로부터 이 도시를 구해 주소서. 아무리 강한 전함이나 성이 있으면 무슨 소용 있겠습니까? 그것을 지킬 사람이 없다면 말입니다."

그러자 오이디푸스가 대답했다.

"나의 아들들아, 나는 온 테베가 고통을 겪고 있음을 알고 있다. 너희들의 모진 고통과 비참함도 잘 알고 있노라. 그러나 너희들의 고통이 아무리 심하다 해도 내 고통보다 더하지는 않을 것이다. 내가 느끼는 아픔은 나만의 것이 아니고, 온 도시의 아픔이기 때문이다. 그대들은 곧, 내가 아무런 대책도 없이 맥없이 손을 놓고 있지 않았다는 것을 알게 될 것이다.

지난 며칠 동안 나는 이 도시를 구해 낼 방법을 궁리하느라 머리를 쥐어짰노라. 쓰디쓴 눈물도 쏟았노라. 나는 맨 먼저 우리가 해야 할 일은 무엇 때문에 신들께서 노하셨는지를 알아내는 것이라고 생각했다.

그래서 내 아내 이오카스테의 동생인 크레온을 델포이의 신탁으로 보냈노라. 크레온은 아폴론 신의 도움을 구하고, 신들의 뜻을 알아보기 위해 벌써 여러 날 전에 떠났다. 나는 지금 그가 돌아오기를 목놓아 기다리고 있노라. 그가 신탁의 예언을 가지고 돌아왔을 때, 내가 만약 신의 충고를 따르지 않는다면 나는 몇 번이고 저주를 받으리라."

그런데 사람들 앞에 크레온이 모습을 드러낸 것은 오이디푸스가 미처 말을 마치기도 전이었다.

크레온은 얼굴에 엷은 미소를 짓고 있었고 표정은 밝아 보였다. 그래서 모두들 '무언가 희망적인 소식을 가져왔나 보다.' 하고 짐작했다.

사악한 기운을 씻어 내려 하다

크레온이 다가오자 오이디푸스가 소리쳤다.

"말해 보게, 형제여. 델포이에서 무슨 소식을 가져왔는가? 좋은 소식인가, 나쁜 소식인가?"

그러자 크레온이 대답했다.

"길이 있기만 하면 그게 뭐든 좋은 것 아니겠습니까? 그리고 신께서 우리에게 요구하신 일을 해내기만 한다면 모든 일은 잘 풀릴 것입니다."

"조마조마하게 만들지 말고 다들 보는 앞에서 말해 보라. 저들의 불운은 내 어떤 어려움보다 내 마음을 아프게 하는구나."

그러자 크레온이 말했다.

"신께서는 이 땅을 더럽히고 있는 사악한 기운을 씻어내야 한다고 명령하셨습니다. 살인자를 추방하거나 범인을 죽여 그 죄를 깨끗이 씻어야 합니다. 우리가 지금 겪고 있는 불행은 독기를 품은 안개처럼 온 도시를 떠돌아다니는 희생자의 피 때문이랍니다."

오이디푸스는 어리둥절해서 물었다.

"그렇지만 신탁이 말하는 희생자와 살인자가 도대체 누구란 말이냐?"

크레온이 대답했다.

"이곳에는 한때 라이오스라는 왕이 계셨습니다."

"만난 적은 없지만 나도 알고 있다네."

"그분이 바로 살해당한 희생자입니다. 신은 우리를 괴롭히는 불행으로부터 구원받으려면 그분을 해친 살인자를 찾아내 처벌하라고 하셨습니다."

"그렇지만 이미 오래전 일인데, 어떻게 흔적을 찾아낸단 말인가?"

"애써 구하면 찾는 법입니다. 진실은 찾기를 포기하는 사람한테서만 달아나 버리니까요."

"그렇기는 하오. 그러면 말해 보라. 라이오스는 어디에서 죽었는가?"

"그분은 스핑크스로부터 해방되는 방법을 물으러 신탁으로 가는 길이셨습니다. 그리고 다시는 돌아오지 못하셨죠."

"무슨 일이 있었는지 본 사람은 아무도 없었소? 호위대도 없었는가?"

"물론 있었습니다. 하지만 한 사람을 제외하고는 모두 죽고 말았습니다. 게다가 살아남은 자도 범인이 누구라고 확실히 말하지 않았습니다."

"그래도 무언가 말을 했을 게 아닌가? 아무리 보잘것 없는 실마리라도 우리에겐 희망이 될 걸세."

"그는 도둑들이 왕을 죽였다고 했습니다. 한 명이 아니라 떼강도 말입니다."

"도둑 따위가 감히 왕을 죽일 수 있는가? 누군가 뒤에서 시키지 않았다면 말이오. 그런 쪽으로 조사해 보아야겠소."

"그 당시도 그렇지 않을까 하고 내심 의심은 했습니다.

그런 쪽으로 이 문제에 대해 조사했지만, 워낙 경황이 없던 때라 아마 충분하지 못했던 모양입니다. 그때는 스핑크스가 온 나라를 휘어잡고 있었습니다. 그래서 사람들 머릿속에는 온통 두려움뿐이었습니다. 그래서 저희들은 그자의 말을 조금도 의심하지 않고 곧이곧대로 믿어 버린 것이지요."

그러자 오이디푸스가 선언했다.

"그러나 신의 은총으로 지금 이 나라를 다스리는 건 바로 나요. 나는 반드시 진실을 밝혀 낼 것이오. 신께서 죽은 자에게 관심을 가지는 것은 옳은 일이오. 나는 이 땅에 드리워진 사악한 기운을 씻어 낸 이 도시의 모습을 보기 위해서 끝까지 그대들을 도울 것이오. 나는 희생자에 대한 의무로서, 그리고 나 자신을 위해서도 그렇게 할 것이오. 라이오스를 살해한 자가 이번에는 나를 없애려 들지 않는다고 누가 장담할 수 있겠소?

자, 온 백성이 여기에 모이도록 사자를 보내라. 그리고 모든 것은 내게 맡기도록 해라. 나는 아폴론 신의 도움으로 우리가 구원받을 것을 믿노라. 그래도 우리가 파멸에 이르게 된다면 그것은 신의 뜻일 것이니라."

오이디푸스의 말이 끝나자 사제가 외쳤다.

"일어나시오, 숭배자들이여! 이미 우리를 구한 적이 있는 왕께서 다시 우리를 돕겠다고 약속하셨소. 그리고 신탁을 통해 이런 전갈을 보내 주신 아폴론께서는 우리의 구세주가 되실 것이며, 우리의 고통도 마침내 끝날 것이오."

군중들은 천천히 흩어졌고 크레온도 그들과 함께 물러갔다. 그리고 열다섯 명의 원로는 그 자리에 남아 있다가 앞으로 걸어 나와 오이디푸스와 얼굴을 마주하고 섰다. 이윽고 그들은 이렇게 노래했다.

아, 빛나는 금이 풍부한 델포이로부터
일곱 개의 문을 가진 테베에 메아리쳐 온 말들이여!
머리는 어지럽고 가슴은 떨리는구나.
아폴론이시여, 당신께서 우리에게 아직도 많은 것을
요구하시지나 않을까 두렵습니다.
말해 다오. 오, 천상의 목소리여, 말해 다오!

고통받는 우리의 마음을 쉬게 해 달라고.

위대한 제우스의 딸이며 영원히 죽지 않는 아테나여,
당신께 가장 먼저 머리를 숙입니다.
그리고 아폴론과 그의 누이 아르테미스께도.
우리의 광장에 꾸며 놓은 황금 왕좌에 앉으신
세 신 앞에 무릎을 꿇고 간청하오니
이 어려움에서 우리를 구하소서.
불로써 우리를 안전하게 하셨던 것처럼
이 재앙을 멀리멀리 던져 버리소서.

요란한 소리를 내는 무기를 들고
우리를 덮친
야만스러운 전쟁의 신 아레스를 몰아내 주소서.
파도가 몰아치는 막막한 바다를 건너
차디찬 먼 트라키아의 곶까지,
우리에게서 그를 몰아내 주소서.
그리고 천둥과 빛나는 번개를 휘두르는

전능하신 아버지 제우스여,

벼락을 내리시어 재앙을 부숴 주소서!

새로 딴 포도주의 거품처럼

빛나는 금빛 왕관을 쓴

이 땅의 수호신 디오니소스여,

우리 편에 서서 우리의 친구가 되어 주소서.

이글거리는 태양의 불꽃으로

영광스러운 이름을 알리지 못하고

땅 위의 그 누구도 숭배하지 않는

저 신을 덮쳐 복수하여 주소서!

모든 것을 밝히겠다고 마음먹다

오이디푸스가 말했다.

"존경하는 테베의 원로 여러분, 나를 비롯해 우리들 모두 저마다 있는 힘을 다한다면, 그대들의 애원에 신들도 반드시 귀를 기울여 주실 것이오. 내가 비록 이 땅에서 나고 자라지 않았고 또 내가 테베에 오기 전에 일어난 일이니, 나와는 아무런 상관도 없는 일이라 여기고 있다고 생각하는 사람도 있을 것이오. 하지만 나는 이 나라의 왕으로서 온 나라에 해로운 그림자를 퍼뜨린 자를 찾아낼 책임이 있소.

그러니 나는 명령하겠소. 누구든 라이오스의 살인자를 알고 있는 자는 두려워하지 말고 소리 높여 말하시오. 내가 그 사람을 지켜 줄 것이며 합당한 상도 내릴 것이오. 또 온 나라 사람이 영원히 은혜를 잊지 않을 것이오.

살인자가 여기에 있다면, 그리고 나서서 고백하기가 두렵다면 겁내지 말고 나를 찾아오라. 그러면 추방하는 것 말고는 다른 어떤 벌도 내리지 않겠노라. 그러나 만약 범인을 위해서나 자기 자신을 위해서 알면서도 숨기는 자가 있다면, 나는 그에게 저주를 내릴 것이다.

나뿐만 아니라 이 땅의 누구도 그에게 따뜻한 잠자리를 주지 않을 것이며 말도 걸지 않을 것이다. 또 함께 신들께 제물을 바치지도 않을 것이고 물 한 방울 주는 사람도 없을 것이다. 그 대신 모든 시민이 그를 내쫓을 것이다. 그래서 이 나라 어느 곳에서도 동정이나 도움을 받을 수 없을 것이다. 왜냐하면 그가 바로 아폴론 신탁이 밝혀 주신 바로 그 사악한 기운이기 때문이다.

 그렇소. 나는 이런 단결을 신들과 돌아가신 왕께 꼭 보여 줄 것이오. 그런 지독한 짓을 저지른 자는 훨씬 더 지독한 꼴을 당하게 하소서.

 만약 살인자가 나의 집에 찾아왔을 때 그가 누군지 알아보고도 고발하지 않는다면 내가 불러냈던 온갖 저주가 내게 떨어지게 하소서! 그대들은 신을 위해서, 죽어 가는 이 나라를 위해서, 또 한때 여러분을 구해 주었던 왕을 위해서, 내가 명령한 것을 모두 지켜 주기 바라오.

 돌아가신 왕을 대신하여, 테베를 세운 강력한 카드모스의 피를 이어받은 라브다코스의 아들을 죽인 자를 찾아내야 하는 것은 바로 나의 의무이기 때문이오. 나는 내 명령을 무시하는 자들에게는 지금 우리가 겪고 있는 것보다 한층 더 가혹한 벌을 내려 쓰러뜨리라고 기도할 것이오. 반대로 내 명령을 귀담아듣고 살인자 찾기를 돕는 자에게는 영원히 신들이 함께하실 것이오."

 오이디푸스의 말이 끝나자 도시에서 가장 존경받는 원로 하나가 앞으로 걸어 나와 말했다.

"왕께서는 살인자가 누구인지도 모르고 그런 저주로 저희를 몰아붙이고 계십니다. 저희 생각에는 살인자들을 찾아내는 데 도움을 줄 수 있는 건 오직 아폴론 신뿐인 것 같습니다.

그렇지만 원치 않는 신께 강제로 말하라고 할 수는 없을 것입니다. 그렇다면 우리에게 남는 건 비록 맹인이긴 하지만 앞날을 훤히 알고 있는 유일한 사람, 테이레시아스에게 물어보는 것뿐입니다."

오이디푸스가 대답했다.

"존경하는 의원님, 나도 그 일을 소홀히 하지 않았소. 크레온이 그에게 사람을 보내야 한다고 내게 이미 충고했소. 그래서 나는 급히 그에게 전갈을 보냈지만, 그는 벌써 떠나고 없다고 해서 놀랐소."

"그렇지만 여기 그분이 계십니다! 오, 테이레시아스여, 부디 파멸로부터 이 도시를 구해 주십시오!"

원로들은 소리쳤다. 그리고 그들은 소년의 손에 이끌려 들어오고 있는 맹인이 지나갈 수 있도록 양옆으로 비켜섰다.

테이레시아스가 가까이 다가오자 오이디푸스는 그에게 말했다.

"어서 오시오, 테이레시아스. 이 도시는 어느 때보다 지금 그대가 필요하다오. 그대가 다른 사람이 알고 있는 것은 물론 모르는 것까지 전부 알고 있기 때문이오. 그대는 앞을 볼 수 없지만 우리에게 닥쳐온 재앙을 느낄 수는 있을 것이오.

얼마 전에 나는 델포이의 신탁을 받았소. 그 내용은 우리가 신의 저주에서 벗어나려면 라이오스 왕을 죽인 자들을 찾아내서 그들을 죽여 버리든지 이 나라에서 먼 곳으로 쫓아 버려야 한다는 것이었소. 그 때문에 우리는 그대를 이곳으로 모신 것이오. 그러니 만약 그대의 위대한 점술의 힘으로 알아낸 것이 있다면, 제발 거절하지 말고 모든 것을 밝혀 주시오.

존경하는 예언자여, 지금 우리는 모든 희망을 그대의 예언에 걸고 있소. 테이레시아스, 우리가 이 땅에 드리워진 재앙을 쫓아 버릴 수 있도록 도와주시오. 사실 그대가 가진 지혜의 힘으로 동포를 돕는 것보다 더 좋은 일이 어디 있겠소?"

위대한 예언자는 머리를 숙이고 얼굴을 잔뜩 찌푸린 채, 오이디푸스의 말을 가만히 듣고만 있었다.

마침내 테이레시아스가 대답했다.

"알려 주어 봤자 엄청난 비극이 생길 뿐입니다. 진실을 알고 있다는 것은 진정 고약한 일입니다. 저는 전하께서 저에게 그렇게 물으실 것을 이미 알고 있었습니다. 그래서 절대로 여기 오지 않으려고 했던 것입니다."

"그대는 지금 나를 놀라게 하는군. 나는 그대가 날 도와주리라 믿고 있소."

"아닙니다. 저는 이만 돌아가는 게 좋겠습니다. 그것이 전하에게나 저에게나 최선의 길이니까요."

"테이레시아스, 이 도시는 당신을 키워 주었소. 그런데 어찌 그리 말씀하실 수가 있단 말이오?"

"제가 알고 있는 것을 말하는 순간 전하의 인생은 끝장이 날 것입니다. 저도 같은 운명으로 고통받기를 원치 않습니다. 그러니 저는 가던 길을 계속 가는 게 가장 좋습니다."

"모든 신들의 이름으로 말하건대 멈추시오! 우리가 이렇게 무릎을 꿇고 애원하리다!"

"전하께서는 지금 자신이 묻고 있는 것이 어떤 의미를 갖고 있는지 모르십니다. 그리고 아무리 물으셔도 제게서 무시무시한 진실을 알아내실 수는 없을 것입니다. 게다가 저는 꼭 말을 해야 할 필요도 없습니다."

"도대체 무슨 말을 하고 있는 건가, 테이레시아스? 지금 그대는 알고는 있는데 말을 못 하겠단 말이오? 그 말은 이 도시를 구할 수 있는데도 그렇게 하지 않겠다는 뜻이 아니오?"

"제가 진실을 말하게 되면 전하가 너무나 비참해지실 것입니다. 그리고 저 또한 마찬가지입니다. 더 이상 묻지 말아 주십시오. 어쨌든 아무것도 알아내실 수 없을 테니까 말입니다."

"지금 우리는 그대가 얼마나 형편없는 존재인가를 보고 있소. 이 무정한 고집불통 같으니라고!"

"전하, 당신의 고집도 대단하십니다."

"바로 그대가 살고 있는 도시의 일인데도 어찌 그리 무정하고 잔인하게 말한단 말이오! 그 말을 들으면 돌들도 벌떡 일어나 앉겠소, 테이레시아스."

"노여워하지 마소서. 제가 말씀을 드리든 그렇지 않든 간에 결국 아셔야 할 것은 다 아시게 될 것입니다."

"어쨌든 알게 될 거라면서 왜 말을 안 해 주는 거요?"

"저는 말씀드릴 수 없습니다. 제게 화를 내시려면 얼마든지 내십시오. 그렇지만 이런 식으로 윽박질러서 말하고 싶지 않은 것을 말하게 할 수 있다고는 생각지 마십시오."

"이번에도 역시 마찬가지이군! 그대가 항상 나를 피하는 것을 내가 눈치채지 못했다고 생각하는 거요? 지금 나는 그대가 왜 말을 하지 않으려는 건지 깨달았소. 그건 바로 이 범죄와 그대가 관련 있기 때문이오! 그대가 맹인만 아니었더라면 나는 그대의 손으로 라이오스를 살해했다고 말했을 것이오. 지금 그대가 하는 행동으로 봐서는 더 나쁜 일도 할 수 있는 사람이라는 게 명백해졌기 때문이오!"

죄인은 바로 오이디푸스 당신!

"아, 이런! 우리의 도시를 더럽히고 있는 사악한 기운이 바로 전하 자신이라고 말씀드려도 제게 이런 식으로 말씀하실 수 있겠습니까?"

"뭐라고! 그대는 부끄러움도 모르는가? 아니면 이런 식으로 빠져나가 보겠다고 생각하는 것인가?"

"저는 이제 더 이상 달아날 필요가 없습니다. 이미 진실을 말했으니까요."

"그래, 그대의 진실은 어떻게 알아낸 것인가? 맹인 주제에 눈으로 본 것은 아니겠지?"

"저를 거짓말쟁이라고 몰아붙이시는군요. 제가 감히 말씀을 드린 것은 단지 폐하께서 저의 화를 돋우셨기 때문입니다."

"그래, 정확히 뭐라 하셨소? 다시 한번 말해 보시오. 내가 더 잘 들을 수 있게 말이오."

"제 말을 못 알아들으셨다는 말씀입니까? 아니면 다시 한번 더 크게 말하라는 말씀입니까?"

"내 평생 이런 지독한 모욕은 처음이오."

"전하를 모욕한 게 아닙니다. 다만 진실을 말했을 뿐입니다. 하지만 그리 말씀하시니 다시 한번 말씀드리지요.

전하께서 찾으시는 살인자는 다른 사람이 아닌 바로 전하 자신입니다."

"또다시 나를 모욕하다니, 이 고얀 놈! 네가 벌을 받지 않고 무사히 빠져나갈 수 있을 것 같으냐?"

"드릴 말씀이 더 있습니다. 그러면 훨씬 더 노여워하실 것입니다."

"어디 네 마음대로 지껄여 보아라. 그래 봤자 아무 소용도 없을 테지만."

"전하께선 가장 가까운 가족과 부정한 관계를 맺고 있으면서도, 자신이 어떤 똥 더미에서 뒹굴고 있는지 모르고 계십니다."

"오냐, 마음껏 즐겨라! 살아 있는 동안 그대가 얼마나 추악해질 수 있는지 보여 주어라!"

"진실에 힘이 있는 한, 전하께서는 저를 해치지 못하실 것입니다."

"오, 그래. 진실은 힘을 가지지. 그러나 세상 이치도 볼 줄 모르는 맹인의 입에서 나온 말이 진실은 아닐 것이야."

"우리 두 사람 중에서 누가 더 눈이 멀었는지는 이제 곧 온 세상이 알게 될 것입니다."

"너는 칠흑 같은 암흑 속에서 살고 있지. 그래서 나는 너를 가엾게 여겼다. 너의 그 사악한 잔꾀를 알기 전까지 말이다. 한번 말이나 해 보아라. 이따위 거짓말을 꾸며 낸 것은 너 혼자 한 일인가, 아니면 크레온이 도와주었나?"

"크레온 님이라 하셨습니까? 아니, 왜 그러십니까? 그분은 단 한 번도 전하께 해를 끼치지 않으셨습니다. 전하께서는 완전히 혼자서 진창 속에 빠지셨군요."

"아하, 왕과 같은 권력 그리고 질투라……. 바로 그거야! 세상에 어떤 왕에게 질투심에 사로잡힌 적이 없을 수 있겠는가? 더군다나 나처럼 온 백성의 구세주로 사랑받는 왕에게 적이 없다면 말도 안 되는 일이지. 지금까지 너희가 꾸며 온 음모를 보라! 내 아내의 동생인 크레온은 짐짓 꾸며 낸 우정을 뒤에 숨기고서는, 돈만 밝히는 데다 협잡꾼인 이 교활한 마술사를 이용해서 항상 내 무덤을 파고 있지.

이 거짓말쟁이 예언자여, 말해 보라. 그래, 진실을 예언해 본 것이 도대체 언제인가? 그런 적이 있기나 한가? 그렇다면 왜, 어째서 스핑크스가 아무도 풀지 못하는 수수께끼로 이 나라 사람들을 먹이로 삼고 있을 때, 네가 가졌다는 신통한 예언의 힘은 아무것도 하지 않고 가만히 있었느냐? 그 수수께끼를 푼 것은 힘도 없고 아는 것도 없는 무식한 사람이지만 성미 급한 바로 이 몸이었다. 내가 그 괴물의 입으로 다가가 이 나라 백성을 구해 냈지.

그런데 너는 지금 크레온의 명령에 따라 그 구원자를 몰아내려고 기를 쓰고 있구나. 네 주인이 왕위를 차지하면 너의 영향력이 더 커질 거라는 기대에 부풀어서 말이다.

내 너희 두 사람, 이번 일을 꾸민 자와 그를 따르는 바보 같은 늙은이인 네놈의 반역에 대해 기필코 대가를 치르게 해 주겠다."

바로 그때, 도시의 원로들이 두 사람의 감정을 가라앉히려고 끼어들었다.

"두 분 다 흥분해서 하신 말씀일 테니 저희들은 못 들은 것으로 하겠습니다. 지금 우리에게 필요한 것은 신께서 우리에게 요구하신 일을 하는 것입니다."

오이디푸스를 비난하는 테이레시아스

테이레시아스가 말했다.

"맞소. 하지만 모욕을 당했으니 나도 할 말은 해야겠소. 나는 오이디푸스 왕의 노예가 아니라 보잘것없지만 아폴론 신의 종이니 그럴 권리가 있소. 그러니 내 말하리다.

왕이시여, 당신은 앞을 볼 수 없다고 나를 조롱했으니, 당신의 눈도 곧 그 빛을 잃게 될 것입니다. 그래서 당신이 얼마나 비참해질지, 당신이 지금 앉아 있는 왕좌가 누구 것이었는지, 그리고 지금 당신이 궁궐에 함께 있는 사람이 누구인지 보지 못하게 될 것입니다.

당신은 당신의 부모가 누구인지 알고나 계십니까? 당신에게 가장 가까운 두 사람 중 한 사람은 저승으로 떠났고, 또 한 사람은 바로 당신 곁에 살고 있다고 생각해 본 적이 있습니까? 당신은 당신에게 어떤 저주가 내릴지, 당신이 얼마나 짙은 어둠 속으로 던져질지 상상이나 해 보았습니까? 또 당신이 누구를 죽였으며, 누구와 결혼했는지 알고나 있습니까? 또 그녀와의 사이에서 태어난 자식들이 냉혈한이 되어 당신에게 얼마나 차갑게 굴지 알고나 계십니까?

　물론 모르신다구요? 그러면 아직 힘이 남아 있을 때 나와 크레온 님을 자꾸자꾸 모욕하십시오. 이제 곧 당신은 어떤 인간도 떨어져 본 적이 없는 깊고 깊은 수렁으로 떨어지게 될 테니까 말입니다."

"네 주인에게로 돌아가거라, 이 나쁜 놈아! 왜 내가 여기 앉아 네 녀석의 말을 들어야 한단 말이냐?"

"나를 여기로 부른 사람은 다른 이가 아닌 바로 오이디푸스 당신입니다."

"그건 네가 그따위 사악한 소리를 하리라고는 꿈에도 생각하지 못했기 때문이다."

"당신에게는 내가 어리석어 보이겠지만, 당신을 낳은 사람들은 내가 진정한 예언자라는 사실을 알 것입니다."

"무슨 말을 하고 싶은 건가? 누가 나를 낳았다고?"

"그 사실을 알게 되는 순간, 당신은 지금까지 누리던 모든 것을 잃게 될 것입니다."

"바른대로 말해 보시오, 테이레시아스!"

"많은 사람들이 당신을 현명한 사람이라고 말들 하던

데, 그런데도 내 말을 못 알아듣는단 말씀입니까?"

"이제 아예 나를 조롱하기까지 하는군. 네 눈에는 내가 그리 우습게 보인단 말이냐? 아니면 내가 지혜 덕분에 이 자리를 차지한 것을 못 믿겠다는 말이냐?"

"이제 얼마 안 있어 거기서 굴러떨어지게 될 것입니다. 누구보다도 낮은 곳으로."

"그렇게 된다 해도 상관없다. 내가 이 도시를 구했다는 사실만 알아준다면 그걸로 충분하니까."

"그래도 당신은 당신이 태어난 그날을 저주하게 될 것입니다. 이만 가 봐야 할 시간이군요. 애야, 여기서 나가자꾸나."

"어서 가시오. 간다니 속이 다 시원하군! 다시는 당신을 보고 싶지 않소."

"걱정 마십시오. 저는 갈 것입니다. 그러나 당신이 내 기분을 상하게 했기 때문에 모든 것을 말하겠습니다. 라이오스의 살인자는 바로 여기 내 눈앞에 서 있습니다. 그리고 그는 외국인이 아니라 테베인입니다. 그 사실을 알게 된다 해도 그는 기뻐하지 않겠지만 말입니다.

그리고 그는 지금은 앞을 볼 수도 있고, 힘도 세고 부유합니다. 하지만 결국 낯선 타국에서 어두운 길을 더듬으며, 앞도 못 보고 가진 것 하나 없이 힘없이 죽어 갈 것입니다.

  그때는 그도 알게 되겠지요. 자신이 자식들에게는 아버지인 동시에 형제이며, 아내에게는 남편인 동시에 아들이며, 아버지에게는 침실을 나누어 가진 자인 동시에 살인자이기도 하다는 사실을 말이오. 궁궐로 돌아가거든 이게 무슨 뜻인지 잘 생각해 보십시오. 내 말이 거짓이라고 밝혀진다면, 그때는 나를 예언자가 아니라 협잡꾼이라 불러도 좋습니다."

  이 말과 함께 테이레시아스는 길을 안내하는 소년에게 더듬거리며 손을 내밀었다.

  테이레시아스가 떠나 버리자 오이디푸스도 궁궐로 돌아왔다.

  그러나 귓전에는 위대한 예언자의 말들이 윙윙거리며 맴돌았고, 그의 마음은 예언자의 말을 어떻게 받아들여야 할지 몰라서 혼란스러웠다.

반면에 도시의 원로들은 불안해서 더 이상 잠자코 있을 수가 없었다.

저 오이디푸스 왕이
사악한 인간이라고
어찌 믿을 수 있겠는가.
우리의 지배자가 어찌
이 땅에 재앙을 퍼뜨리는
사악한 그림자일 수 있는가.
그는 오직 지혜의 힘으로
테베의 골칫거리 스핑크스를
무찌르지 않았던가.
이제 우리가 어찌 그를
반역자라고 부를 것인가.
저주에서 이 도시를 구해 줄
마지막으로 하나 남은 우리의 희망을
어찌 포기해 버릴 것인가.

우리는 테이레시아스를 존경하지만
여기 땅 위에 사는 인간의 운명이란
제우스 신과 아폴론 신만이 아시는 것.
예언자 역시 우리와 같은 인간일 뿐이라네.
그러니 실수도 할 수 있다네.
더욱이 지혜란
어떤 예언자의 예지력보다 더 낫다는 것은
세월이 우리에게 가르쳐 주지 않았던가.
오이디푸스여,
우리는 당신을 의심하지 않습니다.
우리는 당신에게 나쁜 생각을 품지 않습니다.

크레온을 추궁하는 오이디푸스

합창이 끝나자마자 얼굴이 붉으락푸르락해진 크레온이 들이닥쳤다.

"테베 시민들이여! 왕이 나를 비방하고 혹독한 비난을 퍼부었다고 들었소. 나는 그게 사실인지 아닌지를 알아보려고 여기에 왔소."

원로들의 지도자가 대답해 주었다.

"예, 사실이오. 하지만 그건 왕께서 너무 화가 나서 하신 말씀일 뿐, 평소에는 그렇게 생각하지 않으실 것이오."

"그렇다고 해도 나에게 예언자와 짜고 거짓 예언을 꾸며 댔다는 누명을 씌운다면, 그건 정말 터무니없는 트집이오. 이제 세상 사람들은 나를 음모자 취급 할 것이오. 아무리 화가 났다 해도 어찌 그리 심한 말을 할 수 있단 말이오?"

"내가 그분의 뜻을 어찌 알겠소만, 보시오. 저기 그분께서 궁궐에서 나오고 계시오."

궁궐에서 나온 오이디푸스는 크레온을 발견하고는 소리쳤다.

"네 이놈! 뒤에서 나를 몰락시킬 음모를 꾸미고 있으면서, 어떻게 네가 감히 친구인 척 내 앞에 얼굴을 내밀 수 있느냐? 뻔뻔하기 짝이 없구나! 너는 아마도 내가 결코 그 사악한 음모를 눈치채지 못할 것이라 생각했겠지. 그래, 무사히 나를 해치울 수 있을 성싶으냐?

내게서 권력을 낚아채 갈 수 있다고 생각할 만큼 너는

어리석단 말이냐? 백성들이란 제일 앞에 서 있는 자라고 해서 무조건 권력을 맡기지는 않는다. 그들은 부유하고, 지혜롭고, 자신들을 휘어잡을 능력이 있는 사람에게만 권력을 맡기는 법이다."

"오이디푸스 님, 당신은 제게 말할 틈도 주지 않고 비난만 퍼부으시는군요."

"말할 기회를 주면 너는 여기서 교묘히 빠져나가려고 할 게 뻔하지 않느냐?"

"그래도 들으셔야 합니다."

"무슨 이야기를 말인가? 네가 악당이 아니라는 변명을 말이냐?"

"고집만 부리시는 건 결코 좋은 해결책이 아닙니다."

"내게는 증거가 있다."

"그게 무엇입니까? 어서 말씀해 보십시오."

"맹인 예언자를 부르라고 내게 졸라 댄 게 바로 네놈이 아니었더냐?"

"그때는 그렇게 하는 게 가장 적절한 일이었으니까요."

"그래? 그러면 라이오스 왕이 돌아가신 지 몇 년이나 되었는지 말해 보아라."

"아주 오래되었습니다."

"그때도 테이레시아스는 예언자였느냐?"

"지금과 마찬가지로 존경받고 있었습니다."

"그러면 그때도 그가 나에 대해 뭔가 말을 했느냐?"

"제가 아는 한, 아무 말도 하지 않았습니다."

"그렇다면 너는 어째서 라이오스 왕을 죽인 자를 찾아내려고 하지 않았느냐?"

"그 문제는 이미 말씀드리지 않았습니까? 애를 썼지만 아무것도 알아낼 수가 없었다고 말입니다."

"그러면 현명한 테이레시아스는 그때는 왜 지금처럼 살인자를 향해 손가락을 들어 가리키지 않았느냐?"

"글쎄요, 그건 저도 잘 모르겠습니다."

"그런데 그가 왜 이제 와서 살인자가 누구라고 밝히는 것이냐?"

"그가 뭐라고 말했는지 저는 모릅니다."

"그는 너희 둘이 짜 놓은 대로 말했다. 내가 라이오스를 죽였다고 말이다."

"그가 그렇게 말했다면, 할 말이 없습니다. 하지만 이번에는 제가 몇 가지 여쭈어봐도 되겠습니까?"

"얼마든지 물어봐라. 하지만 네가 무슨 짓을 한다 해도 나를 살인자로 만들 순 없을 것이다."

"제가 왕비님과 남매간이 맞습니까, 아닙니까?"

"맞다. 그걸 부인할 수 없지."

"그리고 당신과 왕비께서는 이 땅을 지배할 권력을 반씩 나누어 가지고 계시지 않습니까?"

"물론이다. 나는 그녀가 바라는 대로 명령을 내리니까."

"그리고 힘으로 보나 명예로 보나 두 분 다음은 제가 아닙니까?"

"지금까지는 그랬지. 그러나 너는 이제 믿을 수 없는 자임이 드러났다."

"그렇지 않습니다. 충성을 깨뜨리다니 그건 미친 짓입니다. 한번 생각해 보십시오. 두려움에 벌벌 떨면서 직접 지배하는 것과 두 다리 쭉 뻗고 잠을 자면서 지배자의 모든 권력과 특권을 누리는 것 중 어느 쪽이 더 좋은지 말입니다. 저는 태어날 때부터 언제나 두 번째를 선택하는 사람입니다. 저는 모든 것을 갖고 있지 않습니까? 제가 여기서 무얼 더 바라겠습니까? 제가 가는 곳 어디서나 사람들은 제게 존경을 표합니다. 그리고 당신께 특별한 부탁이 있는 사람들은 모두 저부터 찾아옵니다. 왜냐하면 당신이 그들의 청을 들어줄지 거절할지는 제 손에 달려 있기 때문입니다.

그런데 제가 왜 얻어 봤댔자 좋을 것도 없는 더 높은 자리를 얻자고 그런 흉계를 짜겠습니까? 증거를 원하신다면, 직접 신탁으로 가서서 제가 전한 전갈이 신탁이 내린 것인지 아닌지를 물어보십시오. 만약 제가 그 내용을 바꾸었거나, 아니 더 나아가 당신에 대한 음모를 꾸몄다는 사실이 밝혀지면 그때는 저를 죽이십시오. 모든 것이 확실해지기 전에 악을 선이라 하고, 정직한 사람을 악당이라 하는 것은 옳지 않습니다. 그리고 충성스러운 친구를 믿지 않는 사람은 결코 용서받을 수 없을 것입니다."

그때 원로가 끼어들었다.

"그의 말에도 일리가 있습니다. 왕이시여, 지나치게 성급히 결정하려 들지 마십시오. 무서운 실수는 대개 서두를 때 하는 법입니다."

"맞소. 그러나 서두르는 사람과 꾸물대는 사람이 있을 때, 누가 이기고 누가 질지는 뻔한 일이 아니오?"

그러자 크레온이 외쳤다.

"도대체 무엇을 원하시는 것입니까? 저를 추방할 작정이라도 하셨단 말씀입니까?"

"아니, 그보다 더 심한 것이다. 반역에 어울리는 벌은 오직 하나뿐이다."

"당신의 트집이 확실한 것이라고 밝혀질 때까지, 당신은 저를 죽일 수 없습니다."

"나에게 이래라저래라 하다니, 네가 뭐기에 복종해야 마땅한 지배자에게 반기를 든단 말이냐?"

"당신의 판단력이 흐려져 있음을 알면서 어찌 복종만 할 수 있겠습니까?"

"아니다. 내 판단은 수정처럼 맑다. 그리고 그것은 네가 뼛속까지 썩었다고 말하고 있다."

"그런데 만약 당신이 끔찍한 망상에 빠져 있다면요?"

"만약 그렇다 해도, 너는 나에게 복종하는 수밖에 다른 선택은 없다."

"저는 그렇게 부당하게 희생되지는 않을 것입니다."

"저자의 말 좀 들어 보시오!"

"그 정도 힘은 제게도 있습니다. 당신이 이 도시의 유일한 지배자는 아닙니다!"

원로들의 지도자가 애원했다.

"진정하십시오. 전하, 진정하세요! 이오카스테 왕비께서 때맞춰 저기 오고 계십니다. 그분의 도움을 받아 두 분의 문제를 해결해 보십시오."

이오카스테가 엄한 목소리로 말했다.

"어머나, 무슨 일이에요? 그렇지 않아도 이 나라에는 우리를 괴롭히는 문제가 많은데 왜 불같이 화를 내고 계세요? 오이디푸스, 들어가세요. 그리고 크레온, 너도 가거라. 더 흥분하여 이성을 잃기 전에!"

그러자 크레온이 억울하다는 듯 소리를 질렀다.

"누이여, 여기 있는 당신의 남편이 내 목을 내놓으라고 떼를 씁니다."

오이디푸스가 말했다.

"크레온이 나를 왕좌에서 몰아낼 음모를 꾸미다가 들켰기 때문이오."

"제우스께 맹세하노니, 제가 그런 일을 하려는 생각을 품기라도 했다면 제게 저주가 내릴 것입니다."

그러자 이오카스테가 경고하듯 오이디푸스에게 말했다.

"저 맹세를 믿어 주세요. 가볍게 하는 맹세가 아니니까요. 게다가 나나 원로들의 처지도 헤아려 주셔야지요."

원로들의 지도자도 거들었다.

"그렇습니다. 여기 있는 우리 모두 왕께서 성급하게 행동하시기를 바라지 않습니다."

"그러면 나더러 어떡하란 말이오?"

"저렇게 진지하게 말하는 사람에게 벌을 내리시면 안 될 것입니다."

"바꾸어 말해서, 그대는 지금 내게 저자를 놓아주고, 대신 나 자신의 사형 집행 영장에 서명하라는 거요?"

"태양신 헬리오스에게 맹세코, 결코 아닙니다! 한순간이라도 그런 생각을 품었다면 저는 가장 비참한 죽음을 맞이해도 좋습니다. 하지만 새로운 불행이 이 나라를 짓누르는 광경을 보는 것은 이 늙은이의 가슴으로는 견디기 힘든 일입니다."

"그토록 고통스러운 목소리를 들으니, 원하는 바를 들어주지 않을 수가 없구려. 설령 내가 목숨을 내놓게 되거나 수치스러운 추방을 당하게 될지라도 저자를 해치지는 않겠소. 그러나 나는 저승에 가더라도 저자를 계속 증오할 것이오."

그 말을 듣고 크레온이 말했다.

"마지못해 사람들의 뜻에 따르시는 것인 줄 잘 압니다. 그러나 노여움이 가라앉고 나면, 당신은 그런 말을 하신 것을 뼈저리게 후회할 것입니다. 당신은 나쁜 사람이 아니니까요. 당신 같은 분은 스스로에게 벌을 내리지요."

"시끄럽다. 당장 가거라. 꼴도 보기 싫으니!"

"예! 갑니다. 저는 당신에게 부당한 대접을 받았습니다. 여기 있는 사람들도 모두 저를 동정하고 있습니다."

크레온은 이렇게 말하고는 휙 돌아서서는 화가 나서 죽겠다는 듯 성큼성큼 걸어가 버렸다.

서서히 드러나는 진실

그러자 이오카스테가 말했다.

"전하, 모든 신들의 이름으로 말해 보세요. 왜 그토록 심하게 화를 내시는 거예요?"

"다른 무엇보다 나는 그대를 존중하니 말해 주리다. 그러면 크레온이 얼마나 믿을 수 없는 자인지 알게 될 거요."

"말씀해 보세요. 당신이 왜 그를 비난하는지 알고 싶어요."

"그는 나를 모함하고 왕좌에서 쫓아낼 음모를 꾸몄소! 라이오스를 살해한 사람이 바로 나라는 것이오."

"정말 크레온이 그런 말을 했나요?"

"그렇게 말하라고 협잡꾼 예언자를 보냈더군."

"예언자라구요? 세상에 앞날을 내다보는 힘을 가진 사람은 없어요. 제 말을 못 믿겠거든 제 이야기를 들어 보세요. 라이오스 왕은 옛날에 신탁을 받은 적이 있었지요. 글쎄, 아폴론 신께 직접 듣지는 않았겠지만, 적어도 그의 사제들 중 한 사람에게서 들었을 겁니다. 그런데 그 신탁이 말하기를, 그가 자기 아들의 손에 죽을 운명이라나요? 그렇지만 다들 아는 것처럼 그는 교차로에서 도둑들의 손에 죽었습니다.

아들로 말하자면, 라이오스는 아이가 세 살도 되기 전에 발목을 꽁꽁 묶어 그 어린 것을 험한 산속에 버리라는 명령을 내렸습니다. 그래서 그 아이는 아버지를 죽이는 살인자로 자라지도 못하고 죽었어요. 또 그 아버지는 두려워하던 대로 죽지도 않았고요. 이것이 바로 제가 예언자니 예언이니 하는 것들을 전혀 마음에 두실 필요가 없다고 말씀드리는 이유입니다. 신들께서 구태여 숨기려 하지 않는 것은 어떻게든 언젠가 다 밝혀지게 마련입니다."

"아, 부인이여! 그 말을 들으니 내 마음은 더 혼란스럽구려! 머리가 어지럽소."

"하지만 제가 무슨 말을 했길래 그러세요?"

"그대는 지금 라이오스 왕이 교차로에서 살해되었다고 하지 않았소?"

"그때 그렇게 들었지요. 그 뒤 달라진 건 없어요."

"어디에 있는 교차로란 말이오?"

"델포이로 가는 길과 다울리스로 가는 길이 만나는 곳

이에요."

"아, 맙소사! 그 끔찍한 일이 일어난 지는 대체 얼마나 되었소?"

"당신이 테베의 왕이 되기 직전이지요."

"오, 신이시여! 당신은 대체 제게 어떤 운명을 준비해 두신 겁니까?"

"아니, 왜 그렇게 놀라세요? 몹시 창백해 보여요."

"제발 묻지 말아 주시오. 그냥 라이오스 왕에 대한 말만 해 주구려. 그는 몇 살이었소? 어떻게 생겼소?"

"키는 컸고 머리는 그때 막 희끗희끗해지기 시작했지요. 그러고 보니 겉모습은 당신과 크게 다르지 않네요."

"오, 맙소사! 내가 퍼부은 온갖 저주들이 모두 내게 쏟아질까 두렵구나."

"당신, 대체 무슨 말을 하는 거예요? 당신의 그런 모습은 정말 무서워요."

"결국 그 맹인이 진정한 예언자였단 말인가? 어디 좀 더 자세히 말해 보시오."

"당신이 물으시면 무엇이든 대답해 드릴게요. 그렇지만

당신은 정말 겁에 질리게 하는군요."

"왕과 함께 간 사람은 모두 몇 명이었소?"

"도망쳐 온 전차 몰이꾼 한 명을 합해 모두 네 명이었어요."

"오, 모든 것이 척척 들어맞는군. 물론 그 소식은 도망쳐 온 자가 전해 주었겠지?"

"예, 그는 우리 하인이었어요."

"혹시 그가 지금 이 궁궐에 있소?"

"아니에요. 당신이 왕이 되리라는 것을 알고는, 양치기로 돌아가고 싶으니 시에서 멀리 떨어진 들판으로 보내달라고 무릎을 꿇고 애원하길래 그렇게 하라고 했어요. 그는 언제나 충성스러운 하인이었거든요."

"당장 그를 여기로 오라고 할 수 있겠소?"

"예, 사람을 보내 이리로 부를게요. 하지만 당신이 그에게 원하는 게 뭐죠?"

"그에게서 무얼 원하냐고? 내가 이미 충분히 말하지 않았소?"

"그래요, 그를 여기로 오라고 하지요. 그건 그렇고, 무엇이 당신의 영혼을 그렇게 내리누르는지 제게만은 말해 줄 의무가 있다고 생각해요."

"말할 의무라고? 이 세상에 내가 왜 그런 불행을 당해야 하는지 들을 만한 사람이 당신 말고 또 누가 있겠소? 나는 당신에게 아무것도 숨기지 않을 것이오."

불안에 떠는 이오카스테

오이디푸스는 계속 말을 이었다.

"나의 아버지는 코린토스의 폴리보스였고 어머니는 메로페였소. 그곳 시민들은 내 인생을 바꿔 버린 일이 일어나기 전까진 나를 존경했소. 어떤 잔치에서였소. 술에 잔뜩 취한 손님 하나가 내가 아버지의 진짜 아들이 아니라며 나를 모욕했소. 물론 나는 그를 두들겨 패 주었소. 맞을 짓을 했으니까 말이오.

그러고 나서 나는 그 말이 사실이 아니라는 걸 확인하려고 조용히 한구석으로 가서 부모님께 여쭤보았소. 그분들은 나를 모욕했던 자에게 몹시 화를 내셨소. 마치 예의도 모르는 사람처럼 말이오. 그들이 펄펄 뛰며 화를 내는 것을 보고 나는 안도의 숨을 내쉬었소.

  하지만 그때부터 나는 누구든 붙잡고 꼬치꼬치 캐묻고 싶은 마음을 이길 수가 없었소. 게다가 내 마음속에 뿌리를 내린 의혹의 씨앗은 한순간도 쉬지 않고 나를 괴롭혔소. 그래서 나는 부모님 몰래 델포이로 가서 신탁의 대답을 구하기로 마음먹었던 것이오.

  아폴론 신께서는 내가 던진 질문에 대답해 주지 않으셨소. 대신 내가 아버지의 살해자가 될 운명을 타고났으며, 나를 낳아 준 어머니와 결혼하고 사람들이 보기조차 꺼려하는 자식들을 낳을 가혹한 저주를 짊어지고 있다는 사실을 밝혀 주었소. 하늘이 무너지는 듯한 말을 듣고 신전에서 나온 나는 하늘의 별을 보았소. 코린토스가 어느 쪽에 있는지 알아보려고 말이오. 그리고 그 반대쪽을 향해 걷기 시작했소. 그 무시무시한 예언이 절대로 실현되지 않도록 말이오.

  그렇게 도망치다가 나는 당신이 라이오스 왕이 살해당했다고 말한 그곳에 다다랐던 것이오. 그리고 무슨 일이 일어났느냐 하면……. 모두 말해 주리다. 그 교차로에서 어린 말들이 끄는, 바퀴가 넷 달린 화려한 전차를 만났소. 전차 안에는 당신이 설명해 준 것과 같은, 나이가 지긋한 사람이 앉아 있었소. 내가 다가가자 전차 몰이꾼과 노인이 나더러 길 밖으로 비켜서라고 거만하게 명령했소. 욕까지 해 대면서 말이오. 그들의 무례한 태도에 모멸감을 느낀 나는 길에서 비켜서지 않고 한쪽 구석으로 계속 걸어갔소. 그래도 전차는 지나갈 수 있었기 때문이었소.

그런데 길은 좁았고, 내가 바로 옆을 지나갈 때까지 기다리고 있던 노인이 팔을 들어 무거운 채찍으로 내 얼굴을 때렸소. 그리고 그가 내게서 돌려받은 벌은 훨씬 끔찍한 것이었소. 나는 내 몸을 지키려고 지팡이를 들고, 있는 힘을 다해 그에게로 달려들었소.

그는 뒤로 벌렁 자빠지면서 하필 바위 위로 떨어져 그만 죽고 말았소. 그러자 다른 사람들도 나를 향해 몸을 내던지며 덤벼들었소. 나는 그들도 해치웠소. 이것이 바로 그날 교차로에서 있었던 일이오.

이제 내가 죽인 그 노인이 라이오스 왕이었다면 나는 세상에서 가장 불행한 인간일 거요. 바로 이 입으로 라이오스 왕의 살인자에게 가혹한 저주를 퍼부었으니, 누가 나보다 더 신에게 괘씸하게 굴 수 있겠소?

나는 '누구도 살인자에게 인사를 건네거나 맞아들이지 말라. 대신 그를 내쫓아라. 왜냐하면 그가 바로 이 땅을 물들이는 사악한 기운이기 때문이다.'라고 말했었소. 그런데 내가 바로 그자요. 라이오스 왕을 살해했을 뿐만 아니라 그의 목숨을 빼앗은 바로 그 손으로 그의 부인을 더럽혔소.

사악한 살인자인 나는 이미 한 번 그랬던 것처럼 다시 두 번째 조국에서 달아나 떠돌 수밖에 없소. 왜냐하면 신탁의 예언이 사실이 되어, 내가 나의 아버지를 쳐서 쓰러뜨리고, 나를 낳아 준 여인과 결혼하지 않으려면 코린토스로 돌아가선 안 되기 때문이오. 지금 내가 신들께 빌고 싶은 건 만약 내가 또다시 소름 끼치는 죄로 나를 더럽혀야 한다면 더 이상 살아 있게 하지 말아 달라는 것뿐이오. 도대체 이토록 끈질기게 나를 쫓아다니는 건 악마인 거요, 아니면 한없이 냉혹한 신인 거요?"

너무나 기막힌 이야기를 들은 이오카스테는 파랗게 질

린 채 한참 동안 할 말을 잊고 있었다.

원로들도 너무 놀라 입을 쩍 벌린 채, 아무 말도 못 하고 서 있을 뿐이었다. 한참이 지난 뒤 물을 끼얹은 듯 조용한 침묵을 깬 것은 원로들의 지도자였다.

"전하, 살인을 목격한 자가 오기도 전에 모든 희망을 포기하지는 마십시오."

"알고 있소. 나는 아직 한 가닥 희망을 갖고 있소. 그 양치기가 사실은 다르다고 말할 때까지는 말이오."

이오카스테가 물었다.

"그건 어떤 희망인가요? 아, 불행한 양반!"

"그대가 내게 말해 준 그대로 그가 말하기만 한다면, 나는 테베를 불행의 구렁텅이에 빠뜨린 사악한 기운이 아니오."

"제가 그렇게 중요한 말을 했나요?"

"당신은 도적들이 라이오스 왕을 죽였다고 했소. 만약 그자가 한 무리의 도적들이 그를 죽였다고 말한다면 나는 무죄가 될 것이오. 한 사람과 여럿은 분명히 다르기 때문이오."

"분명히 그렇게 말했어요. 내게만 그렇게 말한 게 아니라 많은 사람이 지켜보는 앞에서 그렇게 말했어요. 설령

그가 이번에는 다르게 말한다 해도 라이오스가 당신 손에 죽었다는 증거가 되지는 못해요. 왜냐하면 아폴론의 신탁이 라이오스는 아들의 손에 죽게 될 것이라고 분명히 말했거든요. 그런데 불쌍한 그 어린 것은 아버지보다 훨씬 먼저 어느 산속에선가 죽었으니까요. 이제 제가 왜 예언 따위에 신경 쓰지 말라고 했는지 아시겠죠?"

"틀림없이 그대 말이 맞을 거요. 그렇더라도 양치기를 불러 봅시다."

"예, 지금 당장 그를 부르겠어요. 들어가서 그를 데려오라고 노예에게 시키도록 해요."

이렇게 말하고 그들은 궁궐로 돌아갔다. 원로들은 자신들이 들은 이야기 때문에 불안한 목소리로 노래를 부르기 시작했다.

운명의 여신이 고결하게 살라고 정해 준
지배자는 행복하도다.
그를 지켜 주는 것은
올림포스산 꼭대기에서 나온 법이라네.

그 법은 너무나 절대적이어서

글로 쓰여 있지 않으니,

절대로 지워지지도 않는다네.

제멋대로 구는 폭군은

세상 가장 높은 곳까지 오르려고 애쓰며

신들을 모욕한다네.

그러면 그에게 남는 건,

구해 줄 이 하나 없고

인간의 발이 닿은 적도 없는

깊고 깊은 수렁으로 던져지는 일뿐.

사악한 행동에 기뻐하고

신의 노여움을 두려워하지 않고

죄악의 길을 걷는 자에게는

벌을 내려 주소서.

이제까지 감히 누구도

만져 보지 못한 성스러운 것에

손을 대려 하다니,

그에게 벌을 내리소서.

예언이 하나하나 틀려 간다면
어찌 신탁 앞에
경의를 표하겠는가,
도움을 간청하겠는가.

아버지 제우스여,
진정 전지전능하시다면
그 힘을 보여 주소서.
더 이상 예언을 믿을 수가 없습니다.
아폴론의 말도 두렵지 않습니다.
당신을 믿는 저희 마음이
서서히 바래고 있습니다.

    궁궐에서 이오카스테가 나오자 원로들의 합창은 끝났다. 그녀는 제단에 바칠 신성한 나뭇가지를 들고 있었다. 그리고 그녀의 뒤를 따르는 젊은 시녀들도 신께 바칠 선물을 들고 있었다.

이오카스테가 큰 소리로 말했다.

"도시의 원로들이시여, 나는 신께 이 제물들을 바치고자 하오. 왕께서 혼란에 빠져 괴로워하고 계시기 때문이오. 그분은 지난 일을 되돌아보고 현명한 결론을 낼 생각보다 자신이 들은 예언만을 믿고 계시오. 조리 있게 말해도 그를 설득할 수가 없어서, 나는 아폴론 신의 도움을 구하고자 합니다. 부디 우리가 이 끔찍한 의혹의 짐을 모두 내려놓을 수 있도록 신께서 대답해 주시기를."

신탁의 예언은 엉터리였소!

이오카스테가 제단에 준비한 제물을 바치고 있는데, 웬 낯선 사람이 한 명 들어오더니 원로들에게로 다가가 물었다.

"존경하는 노인장이시여, 오이디푸스 왕께서 여기에 살고 계십니까? 저는 꼭 그분을 뵈어야 합니다."

"이곳이 바로 그분의 궁궐이오. 그리고 왕께선 저 안에 계시오. 그리고 이분이 부인이자 그분 자녀들의 어머니인

이오카스테 왕비시라오."

낯선 사람이 이오카스테에게 말했다.

"행복한 백성들에게 둘러싸여 언제나 평안하시고, 왕께는 부족함이 없는 부인이 되시기 바랍니다."

"그리 친절하게 말하다니, 그대 역시 그러하기를. 그런데 이방인이여, 그대는 어디에서 왔으며 무엇 때문에 우리 도시에 왔는가?"

"저는 코린토스에서 한편으론 슬프고 또 한편으론 기쁜 소식을 하나 가지고 왔습니다. 오이디푸스 왕께서는 코린토스의 새 왕이 되셨습니다. 연로하신 폴리보스께서 더 이상 우리와 함께하지 않으시기 때문입니다."

이오카스테는 깜짝 놀라 물었다.

"그분이 돌아가셨단 말이오?"

"틀림없는 사실입니다. 제 목숨을 걸어도 될 만큼."

이오카스테는 시녀에게 소리쳤다.

"애야, 어서 가서 전하께 이 소식을 전해라."

이오카스테는 혼잣말을 했다.

"아, 예언 따위가 다 뭐람! 오이디푸스 님은 자신이 그분을 죽이게 될까 봐 그렇게 두려워했는데, 그분은 아들의 손이 아니라 자연의 손에 돌아가셨다니!"

오이디푸스는 당장 달려왔다.

"말해 보시오, 사랑스러운 부인이여. 왜 나를 부른 거요? 그리고 이 낯선 자는 누구요?"

"이 사람은 당신의 아버지 폴리보스 왕께서 돌아가셨다는 말을 전하려고 코린토스에서 여기까지 왔답니다."

"뭐라고? 다시 말해 보라. 그대의 입으로 직접 듣고 싶다."

"그러시다면 다시 말씀드리지요. 잘 새겨들으십시오. 폴리보스 왕께서 돌아가셨습니다."

오이디푸스는 궁금증을 참지 못해 다급하게 물었다.

"어찌 돌아가셨느냐? 병으로 돌아가셨느냐, 아니면 살인자의 손에 쓰러지셨느냐?"

"늙으신 분이라 왕께서 침대로 가시는 데 그리 오래 걸리지 않았습니다."

"병으로 돌아가셨단 뜻인가?"

"예, 연세로 보면 당연한 일이 아닙니까?"

"불쌍한 아버지! 저를 잃은 슬픔이 아니었더라면 그리 서둘러 가시지 않았을 텐데. 어쨌든 당신께선 살 만큼 사셨고, 그토록 오랫동안 저를 괴롭히던 예언도 이제 당신께서 가지고 가셨으니 더 이상 믿을 게 못 되는군요."

이오카스테가 말했다.

"제가 그렇다고 말씀드리지 않았습니까? 오이디푸스."

"그랬지요. 그러나 나는 두려움 때문에 제정신이 아니었소."

"이제 그런 두려움 따위는 훌훌 털어 내 버리세요."

"신탁이 말한 결혼에 대해서도 말이오?"

"당신은 아직도 모든 일은 우연히 일어나는 것이라는 사실을 믿지 못하시는 거예요? 앞일을 하나도 틀리지 않고 미리 알 수 있는 사람은 아무도 없어요. 그런데도 당신은 언젠가 당신의 어머니와 결혼하게 되지나 않을까 두려워 바들바들 떨고 계시는군요. 제 말을 꼭 명심하세요. 당신이 행복하게 살기를 바라신다면 예언 따위에 귀 기울이지 마세요."

"그대의 말은 전적으로 이치에 맞소. 그렇지만 내 어머니가 살아 있는 한 나는 여전히 두려워할 것이오."

"당신 아버지의 죽음을 보고도 사실이 그렇지 않다는 걸 모르시겠습니까?"

"그렇지 않소. 어머니가 돌아가시기까지는 조심하는 것이 내가 할 일이오."

그들의 말을 듣고 있던 이방인이 끼어들었다.

"잠깐만, 왕께서 그렇게 두려워하며 말씀하시는 여인은 누굽니까?"

"아직 모른다면 알려 주지. 내 어머니는 메로페라오."

"그건 알고 있습니다. 제게 수수께끼로 남아 있는 것은 당신을 그처럼 떨게 만드는 게 정확히 무엇인가 하는 것이지요."

"신들이 보내 준 경고인 끔찍한 신탁 때문이라오."

"부디 제게 그것을 말씀해 주실 수 있겠습니까?"

"물론이지. 일찍이 아폴론께서 내게 말씀하시기를, 내가 아버지의 목숨을 빼앗고 내 어머니와 결혼할 운명이라고 했소. 그래서 코린토스에서 도망쳤던 것이라오. 그렇게 하는 것이 내 부모와 함께 계속 사는 것보다 나았기 때문이오."

"이 먼 곳까지 오신 이유가 바로 그 때문이란 말씀입니까?"

"그렇소. 그래서 나는 내 아버지의 살인자가 되지 않은 거라오."

"그러시다면 더 이상 그런 걱정은 하지 마십시오. 제가 당신의 두려움을 싹 없애 드릴 테니까요."

"그렇게만 해 준다면 그대에게 후한 상을 내리겠소."

"그러면 저도 거절하지 않겠습니다. 사실 제가 여기에 온 것도 왕께서 코린토스로 돌아가시면 제게도 무언가 좋은 일이 생기지나 않을까 하는 기대 때문이었으니까요."

"내 부모님 중 한 분이라도 살아 계시는 한 나는 코린토스로 돌아가지 않을 것이오."

"그건 진실을 모르셔서 하는 말씀입니다."

"나는 아폴론의 예언이 이루어질까 봐 정말 두렵다네."

"그 예언은 당신이 당신의 어머니와 아버지께 죄를 짓게 될 것이라고 했다는 말씀이지요?"

"그렇소. 나는 이제까지 줄곧 그 때문에 불안했소."

"그런데 만약 이 미천한 양치기가 코린토스에는 당신의 부모님이 안 계신다고 말한다면 믿으시겠습니까?"

"뭐라고? 폴리보스 님이 내 아버지가 아니란 말이오?"

오이디푸스는 깜짝 놀라 물었다. 이오카스테도 마찬가지였다.

"예, 맹세코 폴리보스 님은 당신의 아버지가 아닙니다."

"그렇지만 그분은 언제나 나를 아들이라고 하셨소."

"이제 당신께서도 아셔야 할 때가 되었습니다. 폴리보스 님께 당신을 데려다준 것은 바로 저였습니다."

"그대가? 그러면 그분과 메로페가 내게 보여 준 그 따뜻한 사랑은 모두 뭐란 말이냐?"

"그건 그분들이 자식을 낳지 못했기 때문입니다."

"그대가 하는 말은 도무지 믿을 수가 없구려. 그렇더라도 말해 보오. 그대는 나를 어디에서 처음 보았소?"

"키타이론산 속, 숲이 우거진 골짜기에서였습니다."

"그게 정말인가?"

어리둥절해진 원로들이 낮은 목소리로 웅성거렸다.

이오카스테가 끊어질 듯 말 듯 더듬거리며 말했다.

"오, 맙소사! 그게 사실이라면 이젠 모든 게 끝장이야."

그러나 그녀의 절규는 다른 사람에게는 들리지 않았다. 오이디푸스는 피해 갈 수 없는 질문을 계속했다.

"그대가 발견했을 때 나는 어떤 모습을 하고 있었소?"

"당신을 건네받았을 때, 당신의 발은 무언가에 찔린 듯 상처가 나 있었고 발목은 묶여 있었습니다."

그 말을 듣고 이오카스테는 금방이라도 쓰러질 듯 비틀거렸다. 그러나 그 사실을 알아차린 사람은 아직 아무도 없었다.

오이디푸스가 중얼거렸다.

"그래서 어렸을 때부터 심한 흉터가 남아 있었던 거로군."

이방인이 덧붙였다.

"그리고 그걸 보고 당신의 이름을 지었습니다. '부어오른 발의 오이디푸스'라고요."

"그런 짓을 한 것은 누구였소? 내 아버지요, 아니면 어머니였소?"

"그건 저도 모릅니다. 아마 당신을 제게 준 사람은 말해 줄 수 있겠지요."

"그가 누군지 알고 있소?"

"아마 양치기였던가? 어쨌든 라이오스 왕의 하인이었습니다."

"그때 라이오스 왕의 키타이론산 양치기가 누구였는지 누가 말해 줄 수 있소?"

그러자 원로 가운데 한 사람이 대답했다.

"여기로 부르신 그자가 바로 그 양치기입니다. 그렇지만 그 문제에 대해서라면 누구보다도 왕비께서 더 잘 알고 계실 것입니다."

그러나 이오카스테는 참을 수 없는 고통에 몸부림치며 외쳤다.

"아, 오이디푸스, 오이디푸스! 그런 말은 마음에 두지 마세요. 다 잊어버리세요. 당신의 행복을 위해서!"

"그럴 수는 없소. 내게는 그가 말한 흉터가 남아 있소. 그러니 나는 계속해서 나의 혈통을 밝히고야 말겠소. 그들이 어떤 사람이든 말이오."

"오이디푸스, 안 돼요. 신의 이름으로! 당신이 당신의 삶을 사랑한다면 더 이상 파고들지 마세요. 우리 두 사람을 위해서. 고통받는 것은 나 하나면 충분해요."

"슬퍼 마시오, 부인. 만약 내가 노예로 태어났다 한들 당신을 비난할 사람은 아무도 없을 것이오."

"이렇게 애원할 테니, 내 말대로 제발 그만하세요!"

"내가 누구인지 알아낼 때까지 절대로 그만두지 않을 것이오."

"아, 불쌍한 양반! 당신의 행복을 위해서 이성의 목소리에 귀를 기울이세요. 가엾은 오이디푸스! 제발 당신이 진짜 누구인지 알게 되지 않기를 바라요."

"됐소, 이오카스테! 나의 미천한 혈통 때문에 당신의 고귀한 가문의 체면이 상한다 해도 할 수 없소. 누구든 가서 최대한 빨리 그 양치기를 데려오게 하시오."

"아, 슬프도다! 이제 그 어떤 것도 당신을 구해 주지 못할 거예요. 오, 불행한 양반! 이것이 내가 당신께 드리는 마지막 말이에요."

이오카스테는 이렇게 외치고는 도망치듯 궁궐로 돌아가 버렸다. 두 사람의 말다툼을 지켜본 원로들의 지도자가 물었다.

"왕비께서 왜 저리 흥분하시는 겁니까? 무언가 엄청난 재앙이 덮쳐 오지나 않을까 두렵습니다."

"그럴 테면 그러라지! 아무리 보잘것없다 할지라도 나는 내 출생의 비밀을 알아내고야 말겠소. 그러나 저 자존심 강한 여인은 자신의 체면이 손상될까 걱정스러운 거요. 나도 이해하오. 처음에는 그녀가 나를 시시하고 하찮게 여기더라도 나중에는 강력하고 위엄 있게 느낄 것이오. 나는 나 자신일 뿐, 그것을 바꿀 수 있는 것은 아무것도 없으니까. 나는 내가 어디에서 왔는지 반드시 알아야만 하오."

오이디푸스의 말을 듣고 용기를 얻은 원로들은 불안감을 떨쳐 버리고 외쳤다.

우리가 앞날을 내다보는 통찰력을 가졌다면,
사려 깊고 분별 있는 마음을 가졌다면,
올림포스 신들의 이름으로 맹세하리라.
내일 밤 보름달이 떠오르면

키타이론이 젖을 먹여 키운
오이디푸스의 기쁨을 노래하겠다고.
그리고 아폴론의 뜻에 따라
뜻밖에 전해 온 이 기쁜 소식에
춤추기 시작할 것이라고.

왕이시여, 당신을 낳은 것은 어떤 바다의 요정인가.
그리고 당신의 아버지는 어떤 신인가.
깊은 산속을 헤매 다니며 노래하는 판인가.
넓고 푸른 벌판을 사랑하는 아폴론인가.
아니면 키레네의 숲속 빈터에서 태어난 헤르메스인가.
그도 아니라면,
산속을 급하게 달려가는
깊고 차가운 물줄기의 그늘에서
 헬리콘의 요정들을 포옹하고 싶어 하는 디오니소스였
던가.

무시무시한 진실이 밝혀지다

그때 오이디푸스는 딴 곳에 정신을 쏟고 있다가 큰 소리로 외쳤다.

"원로들이여, 저기 누가 오고 있소! 내 생각으로는 바로 그 양치기인 듯싶은데, 한 번도 본 적은 없지만 나이로 보건대 그가 틀림없소."

원로들 중 한 명이 대답했다.

"예, 그 사람입니다. 그는 라이오스의 가장 믿을 만한 양치기였지요."

오이디푸스가 물었다.

"코린토스에서 온 나의 친구여, 어떻게 생각하는가? 저기 오고 있는 자가 자네 친구가 맞는가?"

"예, 그 사람이 맞습니다."

양치기는 고개를 푹 숙인 채 불안에 떨며 다가왔다. 그의 태도만으로도 오이디푸스는 그가 바로 저주받은 갈림길에서 도망친 하인이라는 것을 충분히 알 수 있었다.

"노인장, 내 눈을 똑바로 보고 내 질문에 대답하시오. 그대는 라이오스 왕의 하인이었는가?"

"예, 전하. 그러나 라이오스 님께서 저를 사신 것은 아니고, 여기서 태어나 자랐습니다."

"그대의 직업은 무엇인가?"

"거의 평생 동안 주인님의 양 떼를 돌보았습니다."

"어느 목초지로 양 떼를 데리고 갔는가?"

"키타이론산과 그 주변 지역이었습니다."

"여기 보이는 이 남자를 전에 만난 적이 있는가?"

"저 사람이 저랑 무슨 상관이 있다는 말씀이십니까?"

양치기는 교차로에서 일어났던 일을 떠올리고는 공포에 질려서 되물었다. 그는 약간의 시간이 지난 뒤 왕이 가리키는 코린토스 사람을 보더니 사정을 이해하기 시작했고, 천천히 더듬거리며 되물었다.

"누구 말씀이십니까?"

양치기의 당황한 표정을 본 오이디푸스는 그 이유를 알고 말해 주었다.

"저기 저 사나이 말이오. 그대가 저 사람을 본 적 있는지 물었소."

"모르겠습니다. 그랬는지 어떤지 잘 모르겠습니다."

그때 코린토스에서 온 사람이 끼어들었다.

"전하, 그가 기억을 못 하는 것도 무리가 아닙니다. 그렇더라도 제가 그의 기억을 되살려 보겠습니다. 그때 저희는 3년 동안 여름마다 키타이론산에서 만났습니다. 저는 한 무리의 양 떼를, 저 사람은 두 무리의 양 떼를 돌보고 있었지요. 그러다 겨울이 되면 양들을 끌고 내려와 저는 평원에 있는 폴리보스 왕의 목초지에 몰아넣고, 저 사람은 라이오스 왕의 우리로 몰아넣곤 했답니다. 이제 기억이 나는가, 친구여?"

"글쎄, 아, 이제 기억납니다. 그렇지만 모두 아주 오래 전 일입니다."

"그러면 말해 보게. 자네가 내게 어린아이를 주지 않았나?"

"대체 지금 무얼 하려는 건가? 왜 그따위 케케묵은 이야기를 끄집어내는 거야?"

"친구여, 내가 그 말을 하는 것은 우리가 구해 준 그 아이가 바로 여기 앉아 계시는 이분이기 때문일세!"

"썩 꺼져 버려. 그리고 입 닥쳐!"

그러자 오이디푸스가 경고했다.

"늙은이여, 이 코린토스인을 꾸짖지 말라. 벌을 받아야 할 사람은 그가 아니라 그대이니까."

"무엇 때문입니까, 전하?"

"그대가 그가 말한 아기에 대해 내게 대답하지 않았기 때문이다."

"그는 자신이 무슨 말을 하고 있는지도 모릅니다. 그의 말은 모두 쓸데없는 소리입니다."

"그대가 만약 대답을 하지 않는다 해도, 입을 열게 하는 방법은 얼마든지 있느니라!"

"모든 신들의 이름으로 맹세코 그런 일은 없습니다. 이 늙은이를 고문이라도 하시겠다는 겁니까?"

"여봐라, 이 늙은이의 손을 뒤로 묶어라."

"아, 슬프도다! 대체 제게서 무엇을 알고 싶으십니까?"

"네가 이자에게 남자아이를 주었다는 게 사실이냐?"

"자비로우신 신이시여! 왜 저를 그날 죽이지 않으셨습니까?"

"계속해서 진실을 숨기려 하면 지금 죽을 것이니라."

"그렇지만 제가 말을 하면, 제가 겪을 운명은 죽음보다 훨씬 더 고통스러울 것입니다."

"더 이상 발뺌하지 말라. 고백을 하겠느냐, 말겠느냐?"

"좋습니다. 예, 제가 그에게 어린아이를 주었습니다."

"누가 너에게 그 아이를 주었느냐, 아니면 네 아이였느냐?"

"아닙니다. 그 아이는 제 아이가 아니었습니다. 누군가에게서 받았습니다."

"그게 누구냐? 어서 말하라!"

"안 됩니다. 전하! 제발, 저는 이미 충분히 말했습니다."

"내가 한 번만 더 똑같은 질문을 하게 하면 그때는 끝장날 줄 알아라."

"그 아이는 라이오스 왕의 궁궐에서 태어났다고 했습니다."

"그러면 노예였느냐, 아니면 라이오스 왕의 핏줄이었느냐?"

"신이시여, 저를 가엾게 여기소서. 마침내 무시무시한 진실을 밝힐 순간이 닥쳐왔습니다. 이제 저는 사실을 말할 수밖에 없습니다."

"그리고 그 순간은 내게도 다가왔구나. 그리고 나는 똑똑히 듣고야 말리라."

"그렇다면 들으십시오. 그 아이의 아버지는 라이오스 왕이셨습니다. 하지만 그 이야기라면 당신의 부인인 왕비께서 저보다 훨씬 잘 말해 주실 것입니다."

"너에게 아기를 준 사람이 그녀였느냐?"

"라이오스 님께서 제 팔에 아이를 맡길 때 함께 계셨습니다."

"아, 불쌍한 부모여! 그런데 그들은 왜 아이를 너에게 주었느냐?"

"죽여 버리라고 하셨습니다."

"뭐라고! 친자식을 말이냐? 도저히 믿을 수가 없구나!"

"그분들은 무시무시한 신탁 때문에 두려워하며 사셨습니다."

"신탁이 뭐라고 했길래?"

"바로 그 아이가 언젠가 아버지를 죽일 거라고 했습니다."

"오, 신이시여! 그러면 너는 왜 이 사나이에게 그 아이를 주었느냐?"

"가여워서죠. 저 사람이 자기 나라로 데려가 주기만 하면 목숨을 구할 거라고 기대했습니다. 그런데 목숨은 구했지만 결국 더 큰 재앙을 몰고 오고 말았군요. 만약 당신이 그가 말한 대로 그 아이가 맞는다면, 당신은 세상에 태어난 어떤 인간보다도 불행한 분이십니다."

"맙소사! 이제 모든 것이 드러났도다. 신이여! 저는 태어나서는 안 될 부모님에게서 태어났고, 함께 자서는 안 될 여인과 잠을 잤으며, 죽여서는 안 될 사람을 죽였습니다. 이제 이 모든 것은 명백히 드러났으니 밝은 태양빛을 다시는 볼 수 없게 해 주소서!"

온몸의 힘이 다 빠져나간 듯, 오이디푸스는 얼빠진 사람처럼 고개를 숙이고 어깨를 축 늘어뜨린 채 발을 질질 끌며 궁궐로 걸어 들어갔다.

자신들의 증언에 의해 끔찍한 진실이 드러나는 것을 보고, 두 양치기는 처참한 심정으로 물러 나와 각각 제 갈 길을 갔다.

궁궐 밖에는 이제 원로들밖에 남지 않았다. 이제 그들이 슬픈 노래를 부를 시간이었다.

오, 언젠가는 죽어야 할 인간의 자손들이여,
보라, 우리네 인생이란
바람 앞의 등불 같은 것!
지금껏 우리는 죽는 날까지
신의 은총을 받은 사람은 알지 못하나니,
더없는 기쁨의 절정에서 한순간에
인생의 밑바닥까지 굴러떨어질 수 있음을
우리는 지금 보았노라.
저 불행한 오이디푸스를 보라!
그리고 우리의 말이 진실인지 아닌지 말해 보라.

한때 그는 영웅 중의 영웅이었노라.
그는 날카로운 발톱과 결코 풀리지 않는 수수께끼로
수많은 사람들을 두려움에 떨게 했던
괴물을 무찔렀던 사람이며,
바위처럼 단단히 버텨 서서
백성들을 지켜 주었으며,
그들의 칭송 속에서

일곱 개의 문을 가진 테베의 왕좌를
거머쥔 사람이었노라.

이제 그에게 얼마나 큰 불행이 닥쳐왔는지를 보라.
내 이 땅에서 이토록 오랫동안 살아오면서
그보다 가엾은 이를 보지 못했노라.
오, 불행한 지배자여!
운명의 희생양이여!
당신의 운명은 아버지를 죽이고,
아버지의 침대에
어머니를 눕히라고 정해져 있었노라.
얼마나 길고 가혹한 세월을
침대는 말도 못 한 채 견디었던가.

침대가 당신께 준 아이들은
형제이면서 아들이며
딸이면서 누이였음을,
시간의 바퀴가 완전히 돌고 나면

암울한 진실은 밖으로 드러나
모두들 알게 되리라.

오, 라이오스의 아들이여,
훌륭한 사람이여,
우리에게 빛을 주고,
참을 수 없는 고통도 지워 준
당신을 몰랐더라면,
그랬더라면
이렇게 가슴 아프지도 않았을 텐데.

비극적인 결말

슬픔에 잠긴 그들의 노랫소리는 갑자기 궁궐에서 한 남자가 달려 나올 때까지 그치지 않았다. 궁궐에서 달려 나온 남자는 비장하게 외쳤다.

"테베의 원로들이시여, 끔찍한 소식이 있으니 마음을 단단히 잡수십시오. 지금까지 밝혀진 재앙만으로도 궁궐을 깨끗이 씻어 내려면 이스트로스강 물로도 모자랄 지경입니다. 그런데 제가 또 드릴 말씀이 있습니다."

"아이고! 또 무슨 새로운 재앙에 대해 들어야 한단 말인가?"

"먼저 숭고한 이오카스테 왕비님께서 돌아가셨습니다."

"아, 불운한 여인이여! 어떻게 돌아가셨는가?"

"자신의 손으로 직접 목숨을 끊으셨습니다. 소름 끼치는 일이 겹겹이 쌓여 무섭고 또 무섭습니다. 저는 모든 것을 이 두 눈으로 똑똑히 보았습니다. 왕비께선 궁궐로 달려 들어오시더니 양손으로 머리카락을 쥐어뜯으며 곧장 침실로 가셨습니다. 문을 꽝 닫고 들어가서는 내내 오래전에 돌아가신 라이오스 왕의 이름을 부르며 울부짖으셨습니다.

저희들은 왕비께서 남편과의 사이에서 또 다른 남편을 낳고 아들과의 사이에서 자식들을 낳게 했으며, 사람의 도리에 어긋나는 결합으로 더럽혀진 자식들을 낳게 한 침대를 저주하면서 목놓아 흐느껴 우는 소리를 들었습니다. 그런데 잠시 뒤부터 더 이상 우는 소리도 들리지 않았습니다. 갑자기 조용해지자 저는 최악의 일이 벌어진 건 아닐까 걱정스러워 한참 동안 문밖에 서 있었습니다.

그때 오이디푸스 왕께서 가슴이 찢어질 듯한 소리로 울부짖으며 비틀비틀 들어오셨습니다. 저희는 예사롭지 않은 그분의 모습에 겁에 질려 쳐다보고만 있었습니다. 그런데 갑자기 그분이 마치 정신 나간 사람처럼 이리저리 뛰기 시작했습니다. 저희들 주위를 빙글빙글 돌며 정신없이 뛰어 돌아다니시다가, 왕비께서 어디에 계시는지 사납게 물으셨습니다. 저희는 그분의 입에서 거품이 이는 것을 본 데다 미친 것처럼 보였기 때문에 차마 말씀드릴 수가 없었습니다.

그런데 어떤 신께서 그의 귀에다 대고 속삭여 준 게 틀림없습니다. 왕께서는 야만적인 소리를 지르면서 침실 문을 거세게 공격하기 시작했습니다. 문이 열렸을 때, 우리 눈에 비친 참혹한 광경이란! 왕비께서는 천장 들보에 핏기 없이 매달려 계셨습니다. 그것을 본 왕께선 슬픔으로 목이 메는 듯 낮은 신음 소리만 내셨습니다. 그리고 비틀거리며 왕비께로 걸어가셨습니다. 매듭을 풀자 왕비께선 바닥으로 떨어졌습니다.

그러나 바로 그때 더 끔찍한 일이 일어났습니다. 왕께서 돌아가신 왕비님의 옷에 꽂혀 있던 황금 핀을 뽑아 들더니 잔인하게도 자신의 눈을 찔렀습니다. 그것도 한 번이 아니라 찌르고 또 찌르셨습니다. 그리고 '자, 눈이여, 이제 너는 내가 저지른 죄악들, 내 주위에 가득 퍼져 있는 재앙들을 볼 수 없게 되었다. 그리고 너는 내가 다가가서는 안 될 사람들도 더 이상 보지 못할 것이다!' 이렇게 저주 섞인 말을 울부짖으며 스스로 맹인이 되셨습니다.

  정말 라브다코스의 궁궐에 몰아치는 불행은 끝이 없습니다. 그래서 궁궐을 가득 채웠던 지난날의 행복은 고통과 암흑과 죽음과 치욕으로 바뀌었습니다. 아, 슬프도다! 인간에게 떨어진 어떤 재난이 이보다 참혹할 수 있겠습니까?"

"그래서 그 가엾은 분은 지금 어떻게 하고 계시는가?"

"궁궐 문을 열라고 명령하시더니 밖으로 나가셨답니다. 그러고는 아버지를 죽였으며 어머니와 결혼한 괴물의 모습을, 운명이 자신에게 더덕더덕 발라 놓은 소름 끼치는 저주로 인해 도시를 더럽힌 독기의 장본인을 온 테베 시

민들이 보아야 한다고 고집을 피우고 계십니다.

  그리고 자신에게 추방 명령을 내리고 이 도시에서 쫓아내 달라고 요구하고 계십니다. 그렇지만 그 불쌍한 분은 차마 눈 뜨고는 못 볼 지경이니 도움이 필요합니다. 곧 그분을 보게 되실 겁니다. 저기 문이 열리는군요. 한번 보십시오. 왕께서는 가장 지독한 원수조차도 마음을 누그러뜨릴 만큼 가련한 모습이십니다."

  덜커덩거리며 문이 열리자, 아직도 얼굴에 핏자국이 남아 있는 오이디푸스가 나타났다. 원로들은 비참한 왕의 모습에 등골이 오싹해졌다. 이 끔찍한 광경 앞에서 원로들은 터져 나오는 탄식을 억누르지 못하고 비통한 합창을 했다.

  불행한 분이시여,
  어떤 광기가 당신을 덮쳤습니까.
  이미 운명의 여신이 당신께 정해 놓은 고난에
  새로운 고통을 더하시다니!
  슬프도다, 물어볼 엄두도 나지 않고

차마 눈 뜨고 볼 수조차 없구나.
참혹한 광경이여!

오이디푸스도 자신의 신세를 한탄했다.
"비통하구나, 나는 얼마나 형편없는 존재인가! 오, 운명의 여신이여, 어찌하여 저를 파멸시키십니까? 어두운 그림자여, 어찌하여 내 앞에 그리도 완강히 드리워져 있는 거냐. 바로 내 손으로 입힌 상처들이여, 그리고 내 사악한 행동들이여."
원로들의 지도자가 말했다.
"아, 불행하신 분이시여, 진정 당신의 고통과 괴로움은 너무도 잔인합니다."
"그런 부도덕한 짓을 저질렀고, 더럽기 짝이 없는 이 몸을 도대체 어느 누가 가엾게 여겨 주겠소?"
"그리 초라해지신 것을 뵈오니 어찌 저희들 가슴이 아프지 않겠습니까? 그렇지만 말씀해 보십시오. 왜 당신의 눈에서 빛을 거두어 버리셨습니까? 어떤 신이 그리 심한 짓을 하도록 시키셨단 말입니까?"

"믿을 수 없을 만큼 참혹한 궁지로 나를 몰아넣은 것은 아폴론 신이시오. 그러나 내 눈만은 누구의 명령도 받지 않고 바로 이 두 손으로 찌른 것이오. 이제 내게는 더 이상 고통 없이 볼 수 있는 것도 없고, 보고 사랑할 수 있는 것도 없으니까 말이오.

이제 최대한 빨리 그대들의 문에서 나를 쫓아내기나 하시오. 세 번이나 저주받았고, 신들께서 땅 위의 무엇보다도 미워하기로 선택한 나, 오이디푸스가 한순간이라도 더 이 땅을 더럽히지 않게 말이오."

"하지만 당신을 보는 저희 가슴은 찢어집니다. 오이디푸스 님, 당신이 저희를 위해 해 주셨던 자비로운 일들을 잊을 수가 없습니다."

"그 옛날 나를 죽음에서 구해 낸 자에게 저주를 내리노라. 그때 산에서 죽었더라면 누구에게도 해를 끼치지 않았을 텐데."

"저희에게도 그 편이 훨씬 좋았을 겁니다."

"그때 내가 죽었더라면 나는 아버지의 살인자가 되지도 않았을 것이고, 나를 낳은 여인의 남편이 되지도 않았을 것이오. 그러나 어쩌겠소. 이것이 나의 운명이라면, 이보다 더한 불행이 닥친다 해도 겪어 낼 것이오."

"그렇더라도 왜 평생 어둠 속에 갇혀 살기를 택하셨습니까? 그럴 바엔 차라리 죽는 편이 더 낫지 않습니까?"

"나는 해야 할 일을 한 것뿐이오. 내 눈을 후벼 파지 않으면 내가 저승으로 내려갔을 때, 어찌 아버지를 마주 볼 수 있겠소? 내 어머니와 어찌 눈을 마주칠 수 있겠소? 내가 두 분께 그런 죄를 지었으니 죽음으로도 갚을 수가 없을 것이오. 그러니 달리 합당한 벌이 뭐가 있겠소?

또 나는 테베와 테베의 백성들이며 신성한 기념비들을 볼 면목이 없소. 나는 이 도시에 넘치던 기쁨을 누구보다도 똑똑히 기억하고 있소. 라이오스 왕의 살인자에게 저주를 내리라고 큰 소리로 외쳐 대던 내가 무슨 낯으로 그대들을 바라볼 수 있겠소?

아, 키타이론이여, 왜 나를 도와준 거냐? 왜 산기슭에서 죽어 가도록 나를 내버려 두지 않았느냐? 그리고 한때 모두 내 것이라 믿었던 코린토스 왕실과 폴리보스와 메로페여, 왜 나를 보호하고 키우셨습니까? 제가 얼마나 사악한 인간인지를 세상에 보여 주려고? 아니면 어떤 죄악의 씨를 뿌리는지를 보려고 그러셨습니까?

바로 이 손으로 흐르게 한 아버지의 피를 받아 마신 갈림길과 한적한 골짜기여, 그날 내가 저질렀던 끔찍한 일을 아직도 기억하고 있느냐? 나를 낳게 한 첫 번째 결혼이여! 그리고 내가 들어 있던 배 속에 내 아이들이 자라게 하고, 아버지와 형제와 자식들을 모두 한 여인에게서 태어나게 한 두 번째 결혼이여!

부디 오이디푸스라는 사악한 독기가 영원히 사라지도록 나를 어딘가로 숨겨 버리든지 아니면 바다 저 깊숙한 곳으로 던져 주시오."

"그것은 제게 청하실 일이 아니지요. 저기 크레온 님이 오십니다. 지금은 이 나라에서 저분이 가장 높은 분입니다."

오이디푸스가 크레온에게 말했다.

"오, 맙소사! 내가 얼마나 부당하게 자네를 윽박질렀으며, 또 얼마나 얼토당토않은 말들을 했던가! 입이 열 개라도 할 말이 없네."

크레온이 대답했다.

"아닙니다, 오이디푸스 님. 저는 그 일로 당신께 나쁜 감정을 품고 있지 않습니다. 그러나 당신을 다시 궁궐 안으로 모셔야겠군요. 당신은 지금 태양이나 비, 대지에 보이기에는 너무나 고약한 모습이니까요."

"제발 그렇게 해 주게. 그리고 청이 하나 더 있네. 지금 당장 나를 이 땅에서 추방시켜 주게나. 어떤 인간도 나에게 인사를 건네지 않을 외진 곳으로 날 보내 주게."

"저는 성급하게 굴고 싶지 않습니다. 먼저 아폴론의 신탁을 받는 게 좋을 듯합니다. 왜냐하면 지금은 우리 모두에게 어려운 시기이니까 신중한 것이 좋겠지요. 그렇지만 신탁이 요구하지만 않는다면 저는 당신을 엄하게 다루고 싶지 않습니다."

"자네가 내게 아무리 가혹한 벌을 내린다 해도 나는 달게 받을 걸세. 그렇지만 저 궁궐 안에 쓰러져 있는 여인만은 고이 잘 묻어 주겠다고 약속해 주게. 그리고 키타이론 산속에서 죽어 가게 나를 던져 버리게. 벌써 오래전에 그랬어야 하니까 말일세. 그러면 신들도 나를 더 비참하게 죽이지는 않을 걸세.

　부탁이 하나 더 있네, 크레온. 내 아이들 말인데, 아들들이야 별다른 보호가 필요하지는 않을 거야. 그 애들은 자기 몸 하나는 챙길 만큼 자랐으니까. 하지만 딸들은, 그 불쌍한 것들은 내가 돌봐 주지 않으면 아무것도 못 하는 아이들이야. 내가 이렇게 빌 테니, 그 애들의 아버지가 되어 주게. 그 애들을 지켜 줄 사람은 자네뿐이네.

　그리고 마지막으로 한 번만 그 아이들을 안아 보게 해 주게. 자네가 내게 친절을 베풀어 주기만 한다면 우리는 내가 앞을 볼 수 있었을 때처럼 껴안을 수 있을 것 같네. 아니 잠깐만, 어딘가 가까이에 그 애들이 와서 울고 있는데 내가 모르는 건가?"

　"예, 여기 있습니다. 저 애들이 애원하는 바람에 제가 데려왔습니다. 당신도 보고 싶어 하실 듯해서요."

　"크레온, 내게 이렇게 친절을 베풀어 주다니, 자네에게 행복이 가득하길 빌겠네. 신의 가호가 언제나 자네와 함께하기를…….

　불쌍한 내 아이들아, 어디 있느냐? 이 아비에게 오너라,

내 딸들아. 아, 불행한 인간인 내가 너희를 처음으로 두 팔에 안았을 때 너희가 그런 저주를 받고 태어난 줄 내가 어찌 짐작이나 했겠느냐?

지금부터 너희들이 얼마나 수치스럽게 살아갈 것인지를 생각하니 눈물이 앞을 가리는구나. 좋은 친구들이 있어서 행복했다면, 이제 두 눈 가득 눈물을 쏟으며 집으로 돌아가는 일로 끝을 내게 될 것이다. 너희들이 결혼할 나이가 된다 해도 너희들의 아버지가 그 아버지를 죽였고 자신의 어머니와 결혼했으며, 게다가 그 부정한 결혼에서 태어난 것이 바로 너희들이라는 사실을 알게 되면, 그 누가 너희 부모의 수치를 짊어지고 너희들을 받아들여 줄꼬?

내가 너희들에게 바라는 것은 단 한 가지뿐이다. 너희들의 불행한 운명이 너희 인생을 이 불쌍한 아버지만큼 어둡게 만들지 말았으면 하고 말이다."

그들을 떼어 놓을 때가 됐다고 생각한 크레온이 명령했다.

"눈물은 그만하면 됐습니다. 오이디푸스, 이제 그만 안으로 들어가시지요."

"자네 말을 따르겠네. 그러나 이제 내게는 좋은 일이란 아무것도 없다네."

"유익한 일이 언제나 좋아서 하는 일은 아닙니다. 시간이 되면 해야 할 일도 있게 마련이지요."

"내가 안으로 들어가는 데는 한 가지 조건이 있네. 부디 나를 이 땅에서 영원히 추방해 주게."

"그것이 신의 뜻이라면. 그러나 지금은 어서 들어가기나 하세요. 아이들은 남겨 두고."

"내게서 아이들을 빼앗아 가지 말게!"

"언제나 자기 고집대로만 하려고 하지 마십시오. 한때 당신이 얻었던 것들을 지금은 모두 잃었다는 것을 기억하십시오. 그러니 어서 가십시오."

오이디푸스는 두 시종의 부축을 받으며 비틀거리며 궁궐로 돌아갔다. 원로들은 그의 뒷모습을 안쓰럽게 지켜보며 슬픔의 노래를 불렀다.

오, 테베인이여. 내 동포들이여.

그대들은 이제 모든 일이 밝혀진 것을 보았노라.

이 사람은 누구도 풀지 못한 수수께끼의 답을 알았던

아니, 알았다고 생각한 사람이었노라.

그래서 힘과 영광의 꼭대기에 올랐고

우리 모두의 부러움을 한 몸에 받았노라.

그러나 이제 폭풍우에 휩쓸려 완전히 난파되고 말았노라.

보라, 어떤 운명이 그를 덮쳤는지!

그런 까닭에

어떤 인간의 행복도 부러워 말지어다.

그의 인생의 마지막 하루를 지켜볼 때까지.

그의 인생이 끝나는 그 순간까지도.

콜로노스의 오이디푸스

콜로노스에 도착한 오이디푸스

"안티고네, 내 딸아, 우리가 어디를 지나고 있는지 말해 다오. 언제나 바라는 것만큼 얻을 수는 없지만, 이제는 아무것도 받지 못한다 해도 만족하는, 지쳐 버린 이 오이디푸스를 도와줄 사람이 있는지도 말해 다오. 그동안 내가 겪은 고난과 세월의 무게는 내게 인내를 가르쳐 주었구나. 어디 앉을 만한 데가 있으면 천천히 앉혀 다오. 그리고 우리가 어디에 있는지, 어찌해야 좋을지 알아보도록 하자꾸나."

"불행한 아버지시여, 저 멀리 어떤 도시의 성벽이 보여요. 틀림없이 아테네일 거예요. 그리고 한 가지 확실한 점은 지금 우리가 서 있는 이곳이 성지란 것이지요. 주위에는 온통 꽃이 가득 피어 있고 월계수 나무들과 천 년을 견뎌 온 나무들로 가득 차 있어요. 그리고 저 부드러운 새들의 노랫소리, 들리시죠? 이리 오세요. 이 돌 위에 앉아 잠깐 쉬세요. 아버지 연세에는 너무 먼 길이에요. 저는 가서 여기가 어딘지 알아봐야겠어요."

"가 보거라, 딸아. 이 근처 어딘가에 분명 인가가 있을 게다."

"그런데 아버지, 혼자 계실 필요가 없겠어요. 저기 한 남자가 이리로 오고 있거든요."

"그래, 내게도 발소리가 들리는구나. 뭔가 급한 일이 있는 것 같구나."

"벌써 여기까지 왔어요. 이제 그에게 말하셔도 돼요. 아버지 앞에 서 있으니까요."

"당신이 오는 소리를 들었다오, 훌륭하신 분이여. 보시다시피 이 아이는 내 눈과 같다오. 마침 잘 오셨소. 여기가 어딘지 말해 줄 수 있겠소?"

"이방인이여, 아무 말 말고 일어나 어서 이곳을 떠나시오. 이곳은 신성한 숲이고 누구도 들어와선 안 되는 곳이오."

"안티고네, 나를 여기서 데리고 나가다오."

오이디푸스는 당장 일어서며 말했다.

"그런데 여긴 도대체 어떤 신에게 바쳐진 곳이오?"

"어둠의 신 닉스와 대지의 여신 가이아의 딸들인 에리니에스에게 바쳐진 곳이오."

"마침내 내가 에리니에스의 땅에 이르렀군. 지난 몇 년 동안 나는 여기저기를 떠돌아다녔다오. 그리고 지금 운명의 세 여신이 나를 모든 괴로움에서 해방시켜 주기로 약속한 곳에 이른 것이오."

"저는 그런 것은 잘 모릅니다. 하지만 힘닿는 데까지 당신을 도와드리지요."

"그렇다면 먼저 이곳을 어떤 이름으로 부르는지 말해 주오."

"콜로노스라고 부릅니다. 아테네의 변두리 지역이지요.

포세이돈과 거인 프로메테우스가 지배하고 있지만, 우리의 수호신은 말을 타고 있는 콜로노스이십니다."

"그럼 이곳을 지배하고 있는 당신의 왕은 아마도 테세우스 님이겠구려?"

"예, 아테네의 왕이시지요."

"그러면 내 전갈을 왕께 좀 전해 주시오."

"왕께 무언가 부탁을 하시고 싶은 거요, 아니면 왕께서 이리로 친히 오시기를 원하는 거요?"

"왕께서 그리하신다면 큰 복을 받으실 거요."

"앞도 못 보는 사람에게서 무슨 복을 받겠소?"

"내가 앞을 볼 수 있었을 때, 나도 맹인의 충고를 받은 적이 있지요. 그 당시의 나도 그의 말에 귀를 기울이지 않았소."

"그러면 당신의 부탁을 어찌해야 좋을지, 원로들에게 달려가 물어보겠소. 그들이 좋다고 하면 그렇게 해 주리다."

오이디푸스가 안티고네에게 물었다.

"딸아, 그 사람은 갔느냐?"

"예, 아버지. 갔으니 마음 놓고 말씀하세요."

"오, 영원히 죽지 않는 에리니에스여, 무시무시한 눈을 가진 존경하는 처녀 신들이여, 아폴론 신이 한 치도 어김없이 제게 예언했던 잔인한 운명을 부디 가엾게 여기셔서 저를 가혹하게 대하지 말아 주소서.

아폴론 신이 예언하기를 당신께서 비바람을 막아 주는 곳에서 제가 구원을 얻을 거라고 하셨습니다. 그리고 바로 그곳에서 비참한 제 인생도 끝날 것이라고 말입니다. 그리고 그 최후는 저를 후원해 준 자들에게는 도움을 줄 것이며, 나를 내쳤던 자에게는 재앙을 가져다줄 거라고 하셨습니다. 또 제가 죽기 전에 제우스 신께서 지진이나 천둥소리, 번갯불같이 확실한 징조를 보내 주실 거라 하셨습니다.

당신께 그럴 마음이 없었더라면 알 수 없는 힘에 이끌려 제가 이 숲으로 오거나, 당신의 신성한 돌에 앉지도 않았을 것입니다. 그러니 이제 제가 평화롭게 죽을 수 있도록 동정과 도움을 베풀어 주시기를 기대합니다. 제가 겪었던 많은 고통들로도 부족해서, 제가 아직도 더 고통받아야 하는 게 아니라면 말입니다.

그러나 대지의 여신 가이아의 딸들이여, 저는 당신이 저를 가엾게 여기시리라 믿습니다. 그리고 팔라스 아테나의 이름을 받은 거룩한 도시 아테네여, 한때는 명성이 드높던 오이디푸스였으나 지금은 한낱 그의 어둡고 가엾은 그림자에 지나지 않는 이 몸을 굽어살피소서."

라이오스 왕의 아들

"쉿, 아버지. 우리를 찾으러 오는 사람들이 보여요."

"그러면 어서 나를 일으켜 숲속에 숨겨 다오. 저들의 말을 들어 보면 어찌해야 좋을지 알 수 있을 테니."

그들을 찾으러 온 일행이 도착했을 때, 안티고네는 이미 아버지를 숨긴 뒤였다. 오이디푸스는 월계수 나무 뒤에 몸을 숨긴 채 잠자코 그들의 대화를 엿들었다.

"신성한 이곳에 감히 발을 들여놓은 자를 찾을 때까지 샅샅이 뒤지시오. 이 길도 살펴보고."

"아무도 보이지 않소. 아마 이 근처 어딘가에 숨어 있을 거요."

"늙은 거지일 거요. 물론 이방인일 테고. 이곳 사람들이라면 감히 우리가 입에 올리기조차 두려워하는 처녀 신들의 숲에 들어올 엄두를 냈겠소?"

"그러니까 그자를 반드시 찾아야 합니다. 구석구석 찾아보시오!"

그때 오이디푸스가 말했다.

"나를 찾으시는 거라면 여기 있소. 나는 귀가 있어 들을 수는 있지만 눈이 없어 보지는 못한다오."

"오, 신이시여! 저 흉측한 노인은 대체 누구란 말입니까?"

"나는 땅 위의 인간은 누구나 손가락질할 운명을 타고난 사람이오."

"불쌍한 자여, 무언가 저주를 받은 듯 보이오만."

"말씀하신 그대로요."

"당신 자신을 위해 우리 말을 들으시오. 도움을 바란다면 먼저 어떤 인간도 밟아서는 안 되는 신성한 곳에서 냉큼 나오시오. 그런 다음 우리에게 도움을 청하시오."

"날 좀 인도해 다오, 딸아. 존경하는 원로들이시여, 제발

제게 동정심을 보여 주시오."

"우리는 우리의 도시가 싫어하는 것과 우리 도시가 사랑하는 것을 존중하는 모든 외국인들에게 하듯이 당신에게 동정을 베풀 것이오."

"이만큼 나오면 되겠소?"

"몇 발자국만 더 나오시오. 얘야, 네 아버지를 이 돌 위에 앉게 해 드려라."

"딸아, 나를 거기로 데려다 다오."

"예, 아버지. 조금만 더 이쪽으로. 이제 돌에다 손을 뻗어 보고 앉으세요."

오이디푸스는 고통스럽게 돌에 앉으며 신음 소리를 냈다.

"이 무슨 비참한 꼴인고!"

"이보시오. 이제 당신이 누구이며, 당신 부모의 이름은 무엇이고, 어디에서 왔는지 말해 보시오."

"나는 떠돌이요. 나머지는 묻지 않는 게 좋소."

"왜 우리에게 말해 주지 않으려는 거요?"

"나는 세 번 저주를 받았소. 그리고 무얼 말해야 할지 모르겠소."

그러자 안티고네가 오이디푸스에게 나지막이 말했다.

"묻는 말에 모두 대답하세요, 아버지. 진실을 숨기는 건 옳지 못해요."

"일이 어찌 되든 간에 결국 말을 해야겠군. 그렇다면 혹시 여러분은 라이오스 왕의 아들에 대해 들어 보셨소?"

원로들은 이름만 들어도 소름이 끼치는지 자신들도 모르게 한 걸음씩 뒤로 물러섰다.

"라브다코스의 자손 말이오?"

"오, 맙소사!"

그들은 숨이 막히는 듯 비명 같은 감탄사만 내지를 뿐이었다.

"더러운 오이디푸스?"

"당신이 바로 그란 말이오?"

"두려워들 마시오. 운명에 정해져 있는 온갖 나쁜 짓은 이미 다 저질러 버렸으니까."

"오, 소름이 끼치는군!"

동정을 구하는 오이디푸스

"내가 당신들에게 원하는 건 동정뿐이오."

"당장 여기서 떠나시오."

"아, 슬프구나!"

"어서 이 땅에서 사라져 버리시오."

"하지만 조금 전에는 나를 돕겠다고 약속하지 않으셨소?"

"악은 악으로 갚는 법이오. 우리가 당신에게 동정을 베풀면 신의 저주가 우리에게도 내릴 거요."

"그래서 꼭 떠나야만 되겠소?"

"그것도 가능한 한 빨리, 꾸물거리지 말고. 우리가 화를 당하지 않게 말이오."

오이디푸스는 딸의 손을 잡으려고 힘없이 손을 뻗어 더듬었다. 그러곤 안티고네가 내민 손을 잡고 비틀거리며 힘겹게 일어섰다.

오이디푸스가 말했다.

"이제 떠나자꾸나."

그러나 안티고네는 꼼짝도 하지 않고 그대로 서 있었

다. 그녀의 두 눈은 참을 수 없는 고통의 빛이 역력했다.

마침내 안티고네가 원로들의 얼굴을 쳐다보며 말했다.

"잘 알지는 못하지만 훌륭하신 분들이여, 당신들은 친절하신 분입니다. 눈을 보니까 알겠어요. 여러분이 만일 제 아버지가 아무것도 알지 못한 채 저지른 끔찍한 행동들을 들어 보신다면 그와 함께 괴로워하실 겁니다. 저를 여러분의 딸이라고 생각하시고 가엾게 여겨 주세요. 그리고 저를 위해 제 아버지에게 동정을 베풀어 주십시오. 여러분은 이제 마지막 남은 저희의 희망입니다. 여러분이 신성하다고 여기는 모든 것을 걸고 이렇게 빌 테니, 저희에게 도움의 손길을 뻗어 주세요. 그래도 신들이 저희가 파멸되기를 바라신다면 여러분이 우리에게 어떤 도움을 주시든 구원받지 못하겠지만요."

"오이디푸스의 딸이여, 우리는 당신과 당신의 아버지 그리고 그가 겪은 엄청난 불행을 모두 동정하오. 그러나 우리는 신의 노여움을 살까 그것이 두렵다오. 그러니 당신들을 도울 수가 없소."

그 말을 잠자코 듣고 있던 오이디푸스가 입을 열었다.

"그렇다면 아테네는 모든 이방인의 보호자라는 이름을 가질 자격이 없소. 당신들이 내가 한 짓이 아니라 단지 내 이름이 무서워서 나를 내친다면, 달리 어찌 설명할 수 있겠소? 내가 그렇게도 가혹한 운명의 제물이 된 것은 단지 몰랐기 때문이란 걸 잊지 마시오. 신을 두려워하는 건 좋소. 하지만 신들께서도 누가 자신들을 존경하는지, 우습게 여기는지 정도는 알고 계신다오. 그러니 나를 내쫓지 말아 주시오. 분명히 말하건대, 나를 머무르게 해 주면 이 나라에도 득이 될 것이오. 당신들의 왕께서 오신다면 잘 알게 될 것이오. 그러니 그때까지만이라도 제발 머물게 해 주시오."

"현명한 말씀이오. 그러나 그런 결정은 왕께서 하실 일이오."

"그러면 왕께선 어디 계시오?"

"궁궐에 계시오. 그러나 우리를 여기로 불렀던 자가 벌써 그분을 모시러 갔소."

"이 미천한 눈먼 늙은이를 보러 여기까지 오시라고 하면 폐가 되지 않겠소?"

"그분께서는 당신 이름을 들으시면 당장 달려오실 겁니다."

"그렇다 해도 전갈을 가지고 간 사람은 내가 누군지 모르지 않소?"

"걱정 마시오. 이곳에선 소문이 발보다 훨씬 빠르니까요. 왕께서 당신이 여기 있는 걸 아시면 날아서라도 오실 거요. 아실 테지만 당신의 이름은 좋은 일로도 나쁜 일로도 세상을 떠들썩하게 만들었으니까 말이오."

아버지를 버린 두 아들

그때 갑자기 믿을 수 없다는 듯 안티고네가 외쳤다.

"오, 신이여! 저게 누구야?"

"무엇 때문에 그러느냐, 딸아?"

"저기 여자아이가 오고 있는데, 아마도……. 아니야, 믿을 수 없어! 그늘이 져서 얼굴을 알아볼 순 없지만……. 네, 그 애가 맞아요."

"누구 말이냐?"

"사랑하는 우리의 이스메네 말이에요."

"얘야, 뭐라고 했느냐?"

"제 소중한 동생이 오고 있다고 말씀드렸어요. 곧 그 애의 목소리를 들으면 아시게 될 거예요."

이스메네는 두 사람을 보고 목이 메는 듯 울부짖었다.

"아버지, 보고 싶었던 아버지! 그리고 친절한 언니! 이렇게 찾아내기까지 너무너무 힘들었어요. 두 분을 보니 얼마나 가슴이 아픈지 몰라요."

"사랑하는 내 딸아, 어떻게 이곳까지 왔느냐?"

"쉽지는 않았어요, 아버지. 길고 힘든 여행이었지요. 그래도 여기, 이렇게 왔잖아요."

"얘야, 내 아가야! 어서 내 팔에 안기려무나!"

"두 분 모두를 끌어안을 거예요. 아버지, 언니. 가엾은 우리 세 사람이 이렇게 한자리에 모이다니!"

"딸아, 왜 왔는지 그리고 어떻게 우리를 찾은 건지 말 좀 해 다오."

"걱정이 되어서 왔어요. 그리고 테베에 있는 우리에게 남아 있는 충성스러운 하인에게서 들은 소식을 가지고요."

"그런데 왜 네가 그 멀고 힘든 길을 왔단 말이냐? 아무짝에도 쓸모없는 네 오빠들은 뭘 하고?"

"오빠들도 오긴 올 거예요. 아버지가 보고 싶어서 오는 것은 아니지만요. 바로 그 때문에 오빠들보다 먼저 달려온 거예요."

"그놈들은 나를 조금도 보살펴 주지 않는구나. 모든 짐을 떠맡고 있는 건 너희들, 내 딸들이다. 너희 중 한 명은 어린애 티를 채 벗기도 전에, 쫓겨난 눈먼 아비의 손을 끌고 낯선 나라들을 지나고 험한 길을 앞장서서 걸었다. 예전에 누렸던 그 모든 호사스러운 즐거움도 마다하고 오로지 이 아비가 먹을 빵을 구하겠다고 갖은 고생을 했구나. 주린 배와 부르튼 발로 휘몰아치는 폭풍우를 지나고 이글거리는 태양빛 아래서 얼굴을 시커멓게 그을리면서 나와 함께 있어 주었구나.

그리고 이스메네여, 내가 추방당한 뒤에 밝혀진 이 비참한 오이디푸스에 대한 모든 예언을 테베 사람들에게 전해 주었으니 얼마나 내게 도움이 되었는지 너는 알지 못할 게다. 그래, 이번에는 이 아비에게 무슨 새로운 소식을 가지고 왔느냐? 혹시 무슨 무서운 일이 있길래 이 거친 여행에 몸을 맡겼더란 말이냐? 이 아비는 또 다른 불행이 생기지 않았다면 네가 그 같은 위험을 무릅쓰고 달려오지 않았을 거라는 생각이 드는구나."

"아버지를 찾아내기까지 얼마나 힘이 들었는지는 말하지 않는 편이 좋겠어요. 그걸 다시 말하려면 새삼 너무나 고통스러울 테니까요. 그래도 여기까지 와서 아버지께 두 아들이 두 눈에 쌍심지를 켜고 서로 싸우고 있다는 것을 알려 드릴 수밖에 없으니…… 무엇보다도 그들은 서로 크레온의 환심을 사려고 기를 썼어요. 그가 나라를 다스리고 있었으니까요. 그리고 그들이 저주받은 우리 가문의 사람인 이상, 테베를 통치하게 될 건 뻔한 일이죠. 오빠들은 사사건건 서로를 걸고넘어졌어요. 그러다 마침내 드러내 놓고 다투기 시작했어요. 어떤 신이 그들을 그렇게 몰아 간 건지, 아니면 비뚤어진 야망 때문이었는지는 아무도 모르지만요. 그들의 정신은 오로지 누가 왕좌를 차지하는가에만 쏠려 있었죠.

일이 이렇게 되고 보니, 크레온은 두 사람에게 일 년씩 번갈아 가며 통치하는 게 좋겠다고 제안했어요. 그래서 동생이긴 하지만 에테오클레스 오빠가 먼저 왕좌를 차지

했고, 일 년이 다 지나갔어요. 그런데 에테오클레스 오빠는 권력을 넘겨주기는커녕 폴리네이케스 오빠를 테베에서 추방해 버렸어요.

그러자 폴리네이케스 오빠는 아르고스로 가서 아드라스토스 왕의 딸과 결혼하여 왕과 동맹을 맺었어요. 그리고 지금은 둘이서 힘을 합쳐 우리의 도시를 상대로 전쟁을 준비하고 있어요. 아버지, 말로만 그런 게 아니에요. 피를 나눈 형과 동생이 서로를 상대로 전쟁을 할 생각을 하다니 정말 끔찍한 일이에요. 아, 신께서는 언제쯤 아버지께 동정을 베푸실까요?"

"신께선 나를 불쌍히 여기실지는 모르겠지만, 내 아들놈들은 제 아비에게 손톱만큼이라도 신경을 쓰는지 의심스럽구나."

"그렇지만 이제 곧 오빠들이 찾아와서 사랑한다는 둥 어쩐다는 둥 해 가면서 아버지를 구슬려서 테베로 돌아가자고 할 거예요. 왜냐하면 신탁이 아버지를 테베로 모시는 데 실패한 사람이 쓰러질 거라고 예언했거든요. 그리고 에테오클레스 오빠의 부탁을 받고 크레온도 머지않아 여기로 올 거예요. 아버지의 비위를 맞춰서 돌아가자고 꼬드기겠지요."

"죽어서 부드러운 테베 땅에 묻힐 수만 있다면, 나는 더 한 일도 용서하겠구나."

"그렇지만 그건 오빠들이 바라는 바가 아니에요. 제가 테베라고 했지만 그저 근처라는 뜻이지, 도시 안을 뜻하는 것은 아니에요. 오빠들이 아버지의 덕을 보려고 기를 쓰고 있지만, 여전히 아버지가 자신들에게 나쁜 영향을 미친다고 생각하거든요."

"왕좌에 눈이 멀어 부모에게 당연히 보여 줘야 할 사랑 대신 미움만을 가진 나쁜 놈들 같으니라고! 나를 여기서 먼 곳으로 데려가려 한다고? 그 녀석들에게 저주가 있기를! 신들이시여, 그놈들을 마구 짓밟아 주소서. 그리고 서로 목을 비틀어 버릴 만큼 미워하게 하시고 둘 다 파멸하게 하소서! 지금 왕위에 앉아 있는 놈은 왕좌를 잃게 하시고 다른 녀석은 결코 왕이 되지 않게 해 주소서!

은혜도 모르는 놈들! 미칠 지경이 되어 내가 날뛰었을 때나 죽기만을 기다리고 있을 때나 백성들이 던진 돌에 맞았을 때에도, 그렇게 비참한 내 모습을 보고도 그놈들은 위로 한번 해 주지 않았다오. 그리고 양심의 가책이라고는 털끝만큼도 없이 나를 버렸다오. 내 아들놈들의 한마디 말만 있었어도 나는 구해졌겠지만 그놈들은 오히려 앞장서서 나를 내몰았다오. 쓸쓸하기 짝이 없는 무자비한 폭풍우가 몰아치는 곳을 떠돌라고 말이오.

그와는 반대로 내 딸들은 약하지만 나와 함께 슬픔을 나누었고, 내가 캄캄한 어둠 속을 더듬으며 혼자서 떠돌게 내버려 두지 않았다오. 그 애들은 자식이 부모에게 당연히 해야 하는 도리에 따라 나를 도와주었소. 그렇지만 내 아들들은 아니오! 그 녀석들은 아버지를 도우러 오기보다 왕좌와 홀을 놓고 다투는 쪽을 더 좋아했소. 나는 그놈들의 사악한 야망이 꼴 보기 싫어 테베로 돌아가지 않을 것이오. 나를 부르러 크레온이나 다른 누가 온다 해도 나는 누구와도 함께 가지 않을 것이오.

그리고 친절하신 이방인들이시여, 여러분과 여러분을 지켜 주시는 여신께 빌겠소. 도움을 주시면 나의 적에게 큰 재앙이 내리는 것과 마찬가지로 여러분의 도시에 커다란 복이 내릴 것이 확실하니 부디 내 편이 되어 주시오."

무거운 짐을 진 오이디푸스의 딸

"오이디푸스여, 당신은 동정받아 마땅한 분입니다. 그러면 몇 가지 충고를 해 주겠소."

"알려 주시면 무슨 일이든 다 하리다."

"당신이 우리의 여신 에리니에스의 도움을 구하려면, 그분들의 제단에 제물을 바쳐야 할 것이오. 만약 당신 손으로 할 수 없다면 당신의 딸 중 한 명이 의식을 치러야 할 것이오. 그렇게 하고 나면 우리도 아무 거리낌 없이 당신을 도울 수 있을 것이오."

"얘들아, 이 친절하신 분들께서 아비에게 권하는 말을 들었느냐? 나는 힘도 없고 나를 이끌어 주는 눈도 없으니, 너희 중에 하나가 나를 대신해 줘야겠다."

그러자 이스메네가 기꺼이 나서며 말했다.

"아버지, 제단이 어디 있는지, 그리고 정확히 제가 뭘 해야 하는지 일러 주시면 제가 갈게요."

원로 중 한 명이 이스메네에게 말했다.

"저기 숲 너머로 가거라. 거기로 가면 네게 모든 것을 설명해 줄 사람이 있을 게다."

"좋아요. 그러면 언니, 아버지를 돌봐 줘요. 그건 다른 사람에게 맡길 수 없는 일이잖아요."

이렇게 말하고 이스메네는 자신이 맡은 임무를 하려고 서둘러 갔다. 그녀가 멀어지자 원로 가운데 가장 나이 들어 보이는 사람이 말했다.

"이방인이여, 오래된 상처를 들쑤시고 싶진 않지만, 당신이 어쩌다가 이 지경에 이르렀는지 알고 싶소이다. 당신의 불행에 대해서라면 말들이 많았지만, 그 말들이 서로 크게 달라서 당신 입으로 직접 듣고 싶소이다."

"태어나는 순간부터 나보다 끔찍한 운명을 가진 이는 세상에 단 한 명도 없을 것이오. 그런데 왜 온몸이 떨리는 고통을 생각나게 하는 거요?"

"당신이 원하는 건 뭐든지 다 해 줄 테니 말해 주시오."

"테베가 묶어 주는 대로 결혼했을 뿐, 나는 아무것도 모르고 저지른 일이었소."

"당신의 어머니와 말이오?"

"그 말은 마치 날카로운 칼날처럼 나를 찌르는구려. 그러나 나와 내 딸들이 한 어머니에게서 태어났다 해서 가엾은 내 딸들에게 무슨 죄가 있겠소?"

"호, 아버지의 누이인 딸들이라, 들어 본 적도 없는 끔찍한 일이로군. 어떻게 그런 일이 벌어질 수가 있었소?"

"내가 테베의 왕비를 상으로 받았기 때문이오. 다시는 내 것이라고 말도 꺼내고 싶지 않은 그 상 말이오!"

"내가 듣기로는 소름 끼치는 일이 또 있었소. 당신이 당신의 아버지를 죽였다고 하던데."

"이미 피를 철철 흘리고 있는 상처를 다시 찌르시는구려. 그리고 그건 내 책임이 아니었기 때문에 이번 것은 더 예리하게 나를 아프게 하는구려. 나는 그가 내 아버지인 줄은 꿈에도 몰랐소. 게다가 나는 내 목숨을 지키기 위해 싸웠을 뿐이라오."

"당신은 정말 복 없는 양반이구려. 아, 이미 우리가 말했던 대로 우리의 왕이신 테세우스 님께서 오셨소. 당신이 뵙고 싶다고 청해서 저분께서 당신을 만나려고 여기로 달려오신 것이오."

도움을 약속한 테세우스

테세우스가 말했다.

"불행한 오이디푸스여, 망가진 그 눈을 보니 당신이 누구인지 알겠소. 나는 당신이 아무 까닭 없이 나를 부르지는 않았으리라 여기고 이렇게 달려왔소.

나도 고향에서 멀리 떨어진 곳에서 자랐고, 나를 반겨 주지 않는 땅에서 지독한 위기를 겪기도 했소. 그래서 나는 늘 이방인들을 돕고 있는 것이라오. 또 나 역시 인간이니 내일 당장 무슨 일이 닥칠지 모르니까 말이오."

"고귀하신 테세우스여, 친절하신 말씀에 그저 감사드릴 따름입니다. 제가 누구인지, 어디서 왔는지는 이미 알고 계시니, 무엇 때문에 이곳까지 왔는지 말씀드리겠습니다."

"듣고 있으니 계속하시오, 오이디푸스."

"제가 당신께 드릴 선물이 하나 있습니다. 그건 바로 이 미천한 몸뚱이입니다. 언젠가 이것은 당신께 엄청난 행운을 가져다줄 것입니다. 그날이 온다 해도 적당한 때가 될 때까진 그게 무언지 알아차리지 못하실 테지만 말입니다."

"그걸 어떻게 내게 주겠다는 거요?"

"죽음으로써 드리겠습니다. 당신이 제게 마지막으로 편히 쉴 곳을 주시면 저는 엄청난 것으로 보답하겠습니다."

"그런 일이라면 얼마든지 해 주겠소. 사실 그건 죽은 자들을 위해 살아 있는 사람들이 해야 될 당연한 도리일 뿐이오."

"제 경우에는 그게 쉽지만은 않을 것입니다. 이 땅에서 제가 죽을 수 있게 하려면 당신은 전쟁을 해야 할지도 모릅니다."

"도대체 누구를 그렇게 겁내는 거요? 혹시 당신의 아들들이오?"

"바로 맞히셨습니다. 그놈들은 강제라도 저를 뺏으려 할 것입니다."

"사실 이렇게 떠돌아다니는 것보다 당신 나라에서 사는 게 훨씬 낫지 않소?"

"제가 고향에서 살기를 원한다 해도, 그들이 저를 고향에 머물게 하지 않을 것입니다."

"그렇다 해도 아들에게 맞서는 게 무슨 도움이 되겠소?"

"당신의 충고는 기꺼이 듣겠습니다. 하지만 먼저 제 말부터 들어 보십시오."

"좋소, 마음 놓고 이야기해 보시오."

"두 녀석이 서로 미워하고 상대방을 쓰러뜨리려 하는 것 때문에 제가 무척 괴롭습니다. 그 고얀 놈들이 아버지의 살인자라며 저를 내쫓았을 때 제 아들놈들과 저의 인연은 그걸로 끝이 났습니다."

"그들이 그렇게 했다면, 지금에 와서 왜 당신을 다시 데려가려 한단 말이오?"

"신탁이 그리 만든 것이지요. 그런데 그놈들이 당신 손에 무릎을 꿇게 된다는 예언도 있더군요."

"왜 하필 나요? 그들과 나 사이엔 아무런 감정도 없는데."

"친애하는 테세우스 왕이시여, 이 세상에는 딱 한 가지 확실한 게 있지요. 신들은 나이를 먹거나 죽지 않는다는 사실 말입니다. 그러나 그 밖의 것들은 시간이란 강력한 힘이 뒤흔들어 놓으니까요. 시간이 흐르면 기름진 땅이

황무지로 바뀌고, 힘세고 유연했던 몸도 기력을 잃게 됩니다. 믿음도 색이 바래고, 불신이 융성할 것입니다. 변화의 바람이 불어오면 친구도 도시도 모두 변하게 될 것입니다.

지금은 테베와 평화롭게 지내고 계시지만, 시간은 두 도시 사이를 흐르는 잔잔한 물에 거친 물결을 일렁이게 할 수도 있습니다. 사소한 의견 차이 하나가 두 나라를 전쟁으로 치닫게 하기에 충분할지도 모르지요.

제우스 신을 보고 제우스라 하는 것만큼이나 틀림없는 아폴론 신의 예언에 따라, 저는 오늘 신을 조롱하는 자들은 내일 반드시 파멸할 것이라고 말씀드립니다. 제게 하셨던 말씀을 지키십시오. 신들께서 저를 속이지만 않으신다면 당신은 후회할 이유가 없을 것입니다."

"나는 내가 한 말을 절대로 어기지 않는다오. 그것이 우리의 제단에 무릎을 꿇고 우리의 도시에 도움이 될 제안을 한 사람에게 한 말일 경우엔 더더욱 말이오. 그러면 이제 싫지 않으시면 나와 함께 아테네로 가서 머무는 게 어떻겠소?"

"기꺼이 그렇게 하고 싶습니다만, 저는 여기에 남아서 저를 쫓아낸 자들을 막아야 합니다. 그때는 당신의 도움이 필요할 것입니다. 그들은 목적을 이루기 위해서는 군대라도 끌고 올 것입니다."

"나는 무서움 따위는 모르오. 아무도 폭력을 써서 당신을 데려가지는 못할 것이오. 만약 누구든지 그렇게 하려 한다면, 그들은 곧 후회하게 될 것이오. 당신을 지켜 주기에는 내 이름 하나만으로도 충분하오. 그건 그렇고, 나는 잠시 다녀올 데가 있소. 콜로노스에 왔으니 포세이돈 신의 제단에 제물을 바치러 가야겠소."

이 말과 함께 테세우스는 걸어 나갔고, 기다렸다는 듯 원로들의 합창이 터져 나왔다.

이방인이여,
그대는 정말 근사한 곳에 오셨소.
세상에 이렇게 아름다운 곳은 다시없다오.
콜로노스가 아니라면 어느 곳에서
신성한 숲속 담쟁이덩굴의

윤기 나는 잎사귀 사이에 숨어

저렇게 아름다운 곡조로 노래하는

나이팅게일의 소리를 들을 수 있겠는가.

모든 것이 얼어붙는 한겨울에도

매서운 바람이 지나지 않고

어두운 그늘도 드리우지 않는 곳.

디오니소스는 이곳의

부드러운 정적 속에서 푹 자고 일어나

지난밤 흥겨운 잔치의 취기를 날려 버린다오.

날마다 아침이면

똑똑 떨어지는 이슬에

수선화가 몸을 씻고

옅은 금빛의 크로커스는

여신들을 위해 향기로운 화관을 짜는구나.

우리의 벌판에 열매를 맺게 하고

더욱더 맑아지는 케피소스강은

쉬지 않고 졸졸졸 부드러운 노래를 부르는구나.

황금으로 된 여신 아프로디테가
온 세상에 사랑이라는 선물을 흩뿌리는 동안
뮤즈들은 숨죽인 채 귀 기울이고 있도다.

이방인이여, 여기
그 열매는 용맹한 사람들의 음식이며
그 기름은 어두운 밤을 밝히고
그 가지는 평화의 상징인 나무가
부러운 눈길을 받으며 자라는구나.

회녹색 잎을 가진 올리브나무를
서쪽 사람들은 시샘하며 바라보고
동쪽 사람들은 질투 어린 눈길을 보낸다 해도
서쪽 사람들도 동쪽 사람들도 감히 해할 수는 없다네.
아테나와 제우스가 파수를 보고 있기 때문에.

자랑스러운 우리의 땅은 뽐낼 일이 또 있네.
우리의 기마대와 군함은 천하무적이라네.

말들은 포세이돈조차 무찌른 자존심을 가진 종마라네.
처음으로 말에다 재갈을 물릴 때
우리의 풀밭에는 꽃이 만발했다네.
얇고 평평하게 조각된 노는
어두운 포도주색 바다를 때려 거품을 일으킨다네.
그러면 우리의 군함은 날개라도 단 듯이
늙은 네레우스의 50명의 딸보다
더 빠르게 물결을 가로지르네.

나쁜 임무를 띠고 온 크레온

안티고네는 한숨을 내쉬었다.

"여긴 정말 복받은 땅이군요. 그렇지만 진짜 그만한 가치가 있는 땅인지 우리에게도 증명해 보여야 할 시간이 왔어요."

오이디푸스가 물었다.

"그게 무슨 말이냐? 뭐 잘못된 거라도 있느냐?"

"아버지, 저기 크레온이 오고 있어요. 한 무리의 사람들과 함께요. 저는 무서워요."

오이디푸스가 걱정스레 말했다.

"오, 원로들이시여, 지금 날 도와주셔야겠소."

"그런 일로 속 태우진 마시오. 우리가 비록 나이는 먹었지만 힘이 다 빠져나가지 않았다는 건 알 만한 사람은 다 안다오."

곧 그들 앞에 크레온이 나타나 정중하게 말했다.

"이 나라의 훌륭한 시민들이여, 저를 보고 겁을 내시는군요. 아마 제가 느닷없이 나타나서 그러신가 보군요. 저는 나쁜 마음을 먹고 여기에 온 게 아닙니다. 아테네와 같이 비길 데 없이 훌륭한 도시에 나 같은 늙은이가 사악한 뜻을 품고 올 꿈이나 꿀 수 있겠습니까? 저는 이 불행한 분을 테베에 있는 고향으로 모셔가려고 온 것입니다.

우리가 원하는 것은 그분을 다시 돌려달라는 것입니다. 그분의 백성들과 우리의 도시를 다스리는 그의 아들 그리고 그분이 낯선 타향을 정처 없이 떠돈다는 말을 듣고 마음이 아파서 달려온, 그분의 가장 가까운 친척인 제게로 말입니다.

그분의 불행한 딸도 가엾기 짝이 없습니다. 저 애는 아버지를 위해 모든 것을 포기했습니다. 결혼을 하고 남편과 자식을 가질 꿈까지도 말입니다.

그러니 오이디푸스 님, 보이지는 않으시겠지만 제게로 고개를 돌려 제 말에 귀 기울여 주십시오. 지나가던 사람들은 그냥 지나가게 하고 제가 당신을 조상님의 궁궐로, 또 당신이 들어주어야 할 소망이 있는 곳으로 모셔가도록 허락해 주십시오."

"크레온, 나는 그대가 왜 나를 원하는지 잘 알고 있다. 그대를 따라나서면 내 운명이 어떻게 될지도 말이다. 그리고 말은 번지르르하지만 실은 모두 사탕발림일 뿐이라는 것도. 나는 그대와 믿을 수 없는 내 아들놈들이 나를 잡으려고 쳐 놓은 덫에 걸려들지 않을 것이다.

이렇듯 갑작스럽게 내게 동정을 베푸는 이유가 무엇인지 설명해 줄 수 있느냐? 그대는 내가 추방시켜 달라고 애원할 때는 들은 척도 않다가 미친 듯한 발작이 가라앉아 그대로 머물게 해 달라고 매달리는 나를 매정하게 내쫓았다. 듣자 하니 그대는 내 친척이라고 하더군. 그래, 그대는 내게 어떤 친척이었던가?

온 도시가 원하는 것은 그대나 내 아들놈이 아니라 나라는 것을 알고 있다. 모든 사람에게 들리도록 큰 소리로 말하겠다. 그대는 나를 테베로 데려가기가 두려울 것이다. 그래서 국경을 넘기만 하면 나를 가두어 놓으려 들 테지.

그러나 그런 일은 일어나지 않을 게다. 크레온, 그대는 결코 나, 오이디푸스와 함께 돌아가지 못할 테니까. 대신 그대는 나의 저주를 가져갈 것이다. 내가 그대와 작당한 아들놈과, 그에 맞서 전쟁을 준비하는 아들놈에게 퍼붓는 저주 말이다. 나는 그놈들이 테베에서 얼마만큼의 땅을 차지할지 이미 다 알고 있다.

그놈들에게는 자신들의 시체를 누일 땅조차 과분할 것일 테니!

그대는 지금 앞일에 대해 내가 그대보다 훨씬 많이 알고 있다는 걸 깨달았을 것이다. 그것은 내가 현명한 제우스 신과 아폴론 신에게서 직접 들었기 때문이다.

그러니 물러가라. 더 이상 말 시키지 말고! 나는 그대와 테베로 돌아가는 것보다 이 낯선 땅에서 여생을 보내는 게 백 배 아니 천 배 더 좋으니까."

"그토록 세월이 흘렀고 쓰라린 경험도 했으면서 당신은 아직도 미덕을 배우지 못했군요. 결국 당신은 우리가 당신에게 주는 명예보다도 치욕으로 가득 찬 노년이 더 중요하다는 것입니까?"

"제법 똑똑한 말을 하는군. 그래도 내가 함정에 빠지리라고 기대하지는 말아라."

"다른 사람들은 필요한 말만 하는데 말이 너무 많으시군요."

"자신의 말을 믿는 사람은 원래 그렇다네. 말로써 얼마나 이득을 볼지 알고 있거든."

"정신 나간 사람의 말은 아무도 믿지 않는답니다."

"이제 그만 가 보겠나? 아무도 자네가 여기 있는 걸 원치 않으니까."

"내 목적을 이루기 전엔 절대 갈 수 없습니다."

"강제로 나를 이곳에서 데려갈 수 있다고 생각한다면 천만의 말씀이다. 내게는 믿을 만한 친구들이 있다. 힘도 센 분들이지."

"그렇지만 이제 곧 쓰디쓴 눈물을 흩뿌리게 되실 텐데도요?"

"이 교활한 악당 같으니라구! 네가 지금 무얼 가지고 나를 협박하는 거냐?"

"당신의 딸입니다. 저는 당신이 고집을 피우면서 안 가겠다고 버틸 줄 알고 있었습니다. 때문에 한 아이에게는 이미 손을 써 두었습니다. 지금쯤 제 부하 녀석이 그 아이를 붙잡았겠군요."

"신이시여, 저를 도우소서!"

"예, 제가 이미 쓴 눈물이라고 말씀드리지 않았습니까? 곧 제가 또 한 명을 낚아채면 훨씬 더 쓰라린 눈물을 흘리시겠지요."

"내 친구들이여, 당신들의 도움이 필요할 때가 왔소. 내게 한 약속을 지켜 주시오. 이 배신자 악당을 당신네 나라에서 어서 몰아내시오!"

그러자 원로들이 말했다.

"떠나시오, 이방인이여. 그대는 거짓말에다 사악한 행동까지 일삼아, 낯선 사람을 기꺼이 받아들이는 이 땅의 호의에 먹칠을 했소."

"그렇다면 안티고네를 끌고 갈 수밖에."

"오, 아버지! 그들이 나를 끌고 가고 있어요!"

"얘야, 손을 다오! 딸아, 어디 있느냐? 이 땅의 원로들이시여, 어디로 가 버리셨소? 왜 그가 달아나는 걸 보고만 있는 거요?"

"걱정 마시오. 우리는 당신 곁에 있소. 사악한 이방인이여, 그대는 지금 우리에게서 노략질을 하고 있다. 당장 그녀를 놓아주어라."

"나는 원래 내 것을 되가져갈 뿐이오."

"정 그렇다면 쓴맛을 보여 주겠다."

"뒤로 물러서시오."

"시민들이여, 저자를 잡으시오!"

크레온이 위협했다.

"내게 손가락 하나라도 댔다간 전쟁이 날 줄 아시오."

"그녀를 내놓아라!"

"흥, 명령이라면 당신 말을 듣는 사람에게나 내리시지."

"그 아이를 풀어 주어라! 내 말이 들리지 않느냐?"

"돌려달란 말이다!"

"친구들이여! 어서, 어서 오시오. 우리의 도시가 이자의 무례함에 치욕을 당하고 있소. 달려들 오시오."

안티고네는 끌려가면서 필사적으로 소리쳤다.

"아버지, 살려 주세요!"

"얘야, 이리로 오너라!"

"그럴 수가 없어요. 이자들이 저를 끌고 가고 있어요."

크레온이 명령했다.

"끌고 가라, 이미 잡아 놓은 아이와 함께 데리고 가라!"

오이디푸스는 고통스러운 신음 소리를 뱉어 냈다.

"아, 이건 너무도 가혹하군!"

"당신의 딸은 더 이상 당신의 손을 잡아 줄 수 없을 겁니다. 그리고 이건 모두 다 당신이 자초하신 일입니다. 당신은 당신의 조국이나 백성들보다 당신 자신을 택하셨으니까요. 그래도 계속 고집을 피우시면 곧 그 대가를 톡톡히 치르게 될 겁니다."

"더 나쁜 일이 뭐가 남았단 말이냐!"

"당신 자신이 끌려가는 것이지요."

"안 돼, 절대로! 네놈이 내게 한 짓은 언젠가 모두 갚아 주겠다."

"저런, 제가 당신처럼 힘없는 늙은이 따위를 두려워한다고 생각하십니까?"

"아무렴, 내게는 아직도 힘이 남아 있으니 두려워해야 할 것이다. 신께서 내게서 목소리를 빼앗아 가지는 않으셨으니 나는 너를 저주할 것이다. 이 악당 놈아, 눈에 넣어도 아프지 않을 내 딸들을 빼앗아 가다니. 모든 것을 내려다보고 계시는 태양신 헬리오스께서는 너를 나처럼 비참하게 늙어 가게 하실 것이다."

크레온은 원로들을 향해 소리쳤다.

"저 노인의 말 좀 들어 보시오. 저렇게 사악한 말을 지껄이는 것을 말이오!"

"네가 그런 말을 하지 않아도 저분들은 듣고, 보고, 판단하고 계신다. 더군다나 네놈의 행동이 모든 것을 말하고 있지 않느냐!"

"당신은 나를 너무 먼 곳까지 오게 했소. 내 이 두 손으로 직접 당신을 끌고 갈 것이오! 내가 늙었다고 생각하지 마시오."

"아, 끔찍하구나. 대체 얼마나 더 고통을 겪어야 한단 말인가?"

원로들이 다시 한번 오이디푸스에게 용기를 주었다.

"저자는 당신에게 아무 짓도 못 할 것이오."

그리고 크레온을 향해 호통쳤다.

"이런 뻔뻔스러운 짓을 하고도 이 땅을 무사히 빠져나갈 수 있을 것 같으냐?"

그러자 크레온이 말했다.

"나는 내 할 일을 할 뿐이오."

크레온의 위협에 맞서는 테세우스

"아테네가 자유의 도시라고 불리는 한, 이 노인의 머리카락 한 올도 다치게 할 순 없을 것이오. 정의가 그의 편에 있으니, 그는 아무리 강한 상대라도 무찌를 것이오. 제우스 신이 그를 지키는 수호신이기 때문이오."

"이까짓 일로 제우스의 도움을 구하다니! 함부로 신의 이름을 들먹이지 마시오."

"어떻든 곧 그 말을 믿게 될 것이오. 보시오! 저기 우리의 왕께서 오고 계시오."

원로들은 입을 모아 왕의 일행을 향해 외쳤다.

"빨리 오십시오. 어서 달려와 이 불쌍한 노인을 구해 주십시오. 어서요!"

원로들의 외침을 듣고 달려온 테세우스가 물었다.

"무슨 일이오? 고함 소리를 듣고 제물도 그대로 두고 왔소. 무슨 일이 있는 거요?"

그러자 오이디푸스가 말했다.

"이자가 제게 끔찍한 짓을 했습니다."

"이 사람은 누구요? 그리고 무슨 짓을 했다는 거요?"

"테베에서 온 크레온이란 자입니다. 이자가 제 눈이나 다름없는 딸들을 빼앗아 갔습니다."

"정말이오?"

"들으신 대로입니다."

"그게 사실이라면 이러고 있을 시간이 없소. 누가 곧장 제단으로 달려가 내 부하들에게 알리시오. 제물은 그대로 두고 말을 달려 테베로 가는 길로 최대한 빨리 가라고 하시오. 그리고 완전히 달아나기 전에 여자아이를 잡아가는 자를 잡아야 하오. 도움을 청하러 우리 땅에 온 이 사람의 눈앞에서 나를 모욕한 자를 말이오.

그리고 이방인이여, 그대는 나를 화나게 하지 않는 게 좋을 거요. 그렇지 않으면 살아남지 못할 테니까. 그 아이를 풀어 주지 않으면 나도 당신을 놓아 주지 않겠소. 그대가 나와 우리 도시의 호의를 모욕했기 때문이오. 아마 그대는 우리 아테네에는 용맹한 사람도 없고, 왕도 허수아비 같다고 생각하는 모양인데, 만약 그렇다면 그건 큰 실수요. 우리에게 보호를 요청한 사람을 끌고 가다니. 그런 짓으로 신성한 법을 짓밟고 당신네 도시를 부끄럽게 했다는 게 알려지면 테베에서도 당신의 행동을 칭찬하지 않을 것이오. 다시 한번 말하겠소. 부하를 시켜 그들을 데려오게 하시오. 아니면 그대는 여기 남아 포로가 될 것이오."

"테세우스 왕이시여, 제가 당신들의 도시를 존중하지 않다니요? 그건 정말 잘못된 생각입니다. 그 반대로 저는 마음속 깊이 이 도시에 정을 가지고 있습니다. 그렇기 때문에 도망자를 숨겨 주신다면 그것은 아테네의 이름을 더럽히는 일이 될 거라고 믿습니다. 틀림없이 아테네는 신이나 인간 모두 끔찍이 싫어하는 자를 가슴에 품어 숨겨 줄 만큼 타락하지 않았을 것입니다.

  저 늙은이는 자신의 아버지를 죽이고, 어머니와 결혼해서 더러운 자식들을 낳은 자입니다. 저는 당신이 아레스 언덕에 있는 최고 재판소의 판결을 존중하며 살인과 근친상간으로 손을 더럽힌 죄인이 당신의 땅을 더럽히는 것을 허락하지 않으실 거라고 확신합니다. 이것이 제가 저 여자아이를 잡아가는 이유입니다.

  그리고 저는 이번 기회에 지나치게 무례하게 구는 저들의 버릇을 단단히 고쳐 놓으려 합니다. 분노란 나이를 따지지 않고, 다만 죽어서야 없어지니까요. 저는 할 말을 다 했습니다.

  이제 뜻대로 하시지요. 저는 당신 손안에 있으니까요. 그러나 당신이 제게 폭력을 쓰신다면 이 몸이 비록 늙었지만 저 역시 폭력으로 답할 것입니다."

  크레온의 말이 끝나자 오이디푸스는 사납게 쏘아붙였다.

  "너는 부끄럽지도 않느냐? 너는 지금 누구를 헐뜯었다고 생각하는가? 너 자신인가, 아니면 나인가? 너는 살인과 결혼 그리고 내가 당한 불행에 대해 말했다.

하지만 나는 아무것도 모르고 그 모든 일을 저질렀으

며, 우리 가문에 대해 진노한 신들이 내가 태어나기도 전에 이미 그리 정해 놓았던 탓이다. 가슴에 손을 얹고 말해 보아라. 너는 내가 훌륭한 행동을 팽개치고 도리에 어긋난 짓에만 달라붙는 나쁜 인간이라고 비난할 수 있느냐?

  내가 나의 아버지를 죽였다 해도 그것은 바로 그 일을 피하려고 내 조국을 떠나 떠돌다가 신의 뜻에 따라 그리 된 것이다. 그리고 내가 어머니와 결혼했던 것은 어머니도 나도 내가 그녀의 아들이라는 사실을 상상조차 하지 못하고 저지른 일이라는 건 세상 누구보다 네가 더 잘 알지 않느냐? 다른 사람은 몰라도 네가 그런 말을 해선 안 되지. 내 어머니는 바로 네 누이니까.

  그러나 그따위 지독한 말들을 내 얼굴에 퍼부으면서 너는 즐거워했겠지. 그 말을 듣고 내가 얼마나 고통스러워할지 누구보다도 잘 알고 있을 테니. 네가 나를 조금이라도 생각해 준다면 차마 그런 말은 못 했을 것이다.

  그리고 너는 마음에도 없는 말로 아테네를 칭찬했다. 네 목적을 이루게 도와줄 것이라 믿고 말이다. 하지만 틀렸다! 이 도시는 신들의 뜻을 받드는 거룩한 도시다. 그리고 네가 노리는 나는 이 도시의 손님이며, 너는 바로 그 손님의 딸을 끌고 간 것이다. 나는 이 땅의 여신 앞에 무릎을 꿇고 기도할 것이다. 제발 네가 숨기고 있는 날카로운 칼날을 보여 주십사 하고 말이다."

오이디푸스의 열변에 감동한 원로들은 테세우스를 돌아보며 말했다.

"전하, 저희가 있는 힘을 다해 이 불쌍하고 무기력한 이 방인을 돕는 게 마땅하다고 생각됩니다."

테세우스도 맞장구쳤다.

"그것도 지금 당장, 손도 쓸 수 없이 늦어 버리기 전에 그래야 하오. 우리가 팔짱을 끼고 서 있는 이 순간에도 유괴범들은 달아나고 있소."

크레온이 물었다.

"그러면 저는 어쩌실 겁니까? 나는 당신들의 포로요. 어떤 명령을 내릴 겁니까?"

"먼저 잡혀 간 아이들이 어디 있는지부터 말하라. 네 부하들이 그들을 잡아갔다고 해도 내 손에서 빠져나가지는 못할 것이다. 내가 보낸 병사들이 길목을 지키고 있을 테니까. 그러니 나와 함께 가서 시키는 대로 해라. 네가 아무 죄도 없는 아이들을 잡아가긴 했지만, 지금 너는 네가 쳐놓은 그물에 걸린 꼴이니라. 그리고 나쁜 짓을 하면 네게도 좋을 게 없다는 사실을 배우게 될 것이다. 금세 풀려날 것이라는 기대는 버리는 게 좋을 것이다. 네가 끌고 온 군대가 아무리 강하다 해도 우리는 이미 각오가 되어 있다. 네가 이 못된 장난을 벌였을 때만큼 내 말을 우습게 여기지만 않는다면, 내 말뜻을 알아들었을 것이다."

"당신이 내게 그렇게 말한다고 해서 탓하지는 않겠소. 하지만 경고하건대, 테베는 이런 모욕을 알고도 잠자코 당하고만 있지 않을 것이오."

"마음껏 협박해라. 그러나 이리로 오라. 그리고 오이디푸스여, 여기서 기다려 주시오. 이번 전투에서 내가 죽지만 않는다면 기필코 나는 당신의 딸들과 함께 돌아올 것이오."

"고귀하신 테세우스 님, 가시는 길에 행운이 함께하길. 이렇게 저를 도와주시니 그저 감사할 따름입니다."

테세우스 일행이 떠나자 다시 한번 원로들의 합창이 울

려 퍼졌다.

오, 그들이 유괴범들과 맞서 싸울 때
싸움터에는 무기들이 부딪치는 소리가 울려 퍼지네!
성스러운 길이 좁아지는 샛길인가,
아니면 엄숙한 제례에서 횃불을 든 사람 곁에
어머니와 딸인 두 여신이 서 있는 바닷가인가.
그 아래 어딘가에서
아폴론께 바치는 승리의 노래를 부르며
위대한 우리의 왕 테세우스는
테베에서 온 무법자들의 손에서
오이디푸스의 딸을 낚아채 올 것이라네.

아마도 우리의 용사들은 숲속으로 난 길을 지나,
지금은 날랜 발걸음의 군마를 타고 달려가고 있다네.
눈 덮인 언덕의 하얀 산허리 아래에
양치기가 양 떼에게 풀을 뜯게 하는
오이아산 너머로

유괴범들은 도망갈 순 없다네!
그들이 우리의 군마와
눈부신 기수인 아테나와
바다의 신 포세이돈을 향해 돌진한다 해도
테세우스의 열정과 아테네의 젊은이들을
에워쌀 수는 없기 때문이라네.

드디어 부딪쳤는가.
아, 어디선가 피어오르는 함성,
제우스는 오늘 아테네에 승리를 안겨 주실 것이로다.
그리고 가여운 아가씨들의 비명도 이내 끝나리라.
날쌔게 날아가는 비둘기 한 마리,
하늘로 날아올라 높디높은 곳에서
고결하고 용감한 용사들이
무법자들을 무찌르는 것을 내려다보는구나!
오, 모르는 것이 없는 전능한 제우스가
우리의 용사들 곁에 계시네.
그리고 제우스의 딸이며 순결한 여신 팔라스 아테나여,

아폴론과 활쏘기의 명수 아르테미스를 어서 찾아오소서.
활과 칼과 창을 들고 서둘러 가 주소서.
신들의 법을 지키기 위해
용감한 자들이 무기를 든 그곳으로.

큰 도움을 준 테세우스

합창이 끝날 즈음, 테세우스가 오이디푸스의 두 딸을 데리고 돌아왔다. 두 딸은 달려오며 오이디푸스를 향해 외쳤다.

"아버지! 오, 아버지!"

"내 딸들아, 정말 너희들이냐?"

"이 훌륭한 분과 용감한 병사들에게 감사하세요."

안티고네와 이스메네는 두 팔을 벌린 오이디푸스의 품 안으로 뛰어들며 대답했다. 오이디푸스는 기쁨의 눈물을 흘리며 말했다.

"세상에서 가장 소중한 너희들을 이렇게 안고 있으니 나는 지금 당장 죽어도 여한이 없구나. 더 세게 안아 다오. 그동안 시커멓게 타 버린 내 마음을 달래 다오. 아무래도 나는 너희 둘 다 이렇게 무사하니 믿을 수가 없구나. 그래, 어떻게 돌아왔느냐?"

"저희를 구해 주신 분이 바로 여기 계세요, 아버지. 이분은 아테네의 왕이시고, 아버지께서 궁금해하시는 모든 것을 말씀해 주실 거예요."

"오, 테세우스 님이여, 훌륭한 도시의 훌륭한 지배자시여, 신들이 당신과 당신의 백성들에게 축복을 내려 주시기를. 제가 이 세상에서 남길 것은 당신에게 입은 은혜뿐입니다. 긴 세월 동안 이곳저곳 정처 없이 떠돌았지만 거룩한 법이 이토록 헌신적으로 지켜지고 나의 불행을 동정해 주며, 거짓말을 싫어하는 곳은 본 적이 없습니다. 믿을 수 없는 크레온을 어떻게 쳐부수셨는지 말씀해 주신다면 내 영혼이 기뻐할 것입니다."

"친절하신 말씀, 고맙소. 지금 당신 곁에 딸들이 있으니 전투에서 어떻게 이겼는지는 중요하지 않습니다. 중요한 건 내가 당신에게 한 맹세를 지켰다는 것이지요. 내가 하고 싶은 말은 다른 것입니다. 당신 집안사람이 포세이돈 신의 제단에 도움을 청하러 이곳으로 온답니다."

"도대체 누구일까? 그가 볼일이 있는 건 신이랍니까 아니면 저랍니까?"

"그는 당신이 자기 말을 듣고 무언가 다짐해 주기를 바란다더군요."

 "그렇지만 어떤 다짐 말씀입니까? 제게 곧장 오지 않고 포세이돈 신부터 원한다면, 그자는 누구이며 어디서 오는 겁니까? 누구 아는 사람 없습니까?"

 "아르고스에서 온답니다. 당신 가문의 사람 중 당신에게 부탁할 만한 사람이 있습니까?"

 "아르고스에서? 내게 부탁을? 흠, 그렇군……. 그렇다면 다른 얘기나 합시다."

 "아니, 뭐 잘못된 거라도 있습니까?"

 "묻지 말아 주십시오."

 "기어이 말해 주지 않을 거요?"

 "여기로 오고 있는 자는 보고 싶지도 않고, 목소리조차 듣고 싶지 않은 자입니다."

 "사정이 그렇다면 당신의 친구인 내가 더욱더 알아야 하지 않겠소?"

 "그자는 내가 지독하게 싫어하는 내 아들, 폴리네이케스입니다. 내가 그놈의 목소리를 듣거나 이 못쓰게 된 눈

앞에 세워 두어야 한다면, 그보다 더 참기 힘든 일도 없을 것입니다."

"그렇지만 왜? 그를 맞이하고 목소리를 듣는다고 해서 해가 될 건 없지 않소? 그가 요구하는 것이 있다 해도 들어주지 않으면 그만일 테고."

"저는 그놈의 목소리가 싫습니다. 그놈이 아버지를 찾는 것은 자기가 필요할 때뿐입니다. 그러니 제 마음을 돌리려고 하지 말아 주십시오."

"그가 포세이돈 신의 제단에 도움을 청하러 온 것만 아니라면, 나도 당신께 이런 말을 꺼내지 않았을 것이오. 그러나 지금 형편으로 봐서는 말 한마디 들어 보지 않고 그를 쫓아 버린다는 것은 도리가 아닌 것 같소."

여기에 안티고네가 끼어들었다.

"아버지, 불행한 일을 당했을 때 아버지께서는 몇 번이나 나이도 어린 제게 조언을 구하셨어요. 그러니 이번에도 제 의견을 말씀드릴게요. 그렇게 큰 도움을 주신 왕의 말씀을 들으셔야 해요. 오빠를 오게 하셔서 말을 들어 보세요. 일단 그의 말을 들어 보고 마음에 들지 않으시면 구태여 마음을 바꾸시지 않아도 돼요. 그가 아무리 아버지께 해를 끼쳤다 해도 아버지까지 그에게 똑같이 굴면 안 되죠. 어쨌든 그는 아버지의 아들이니까요.

오빠를 오라고 하세요. 다른 부모들도 무정한 자식에게 화를 내다가도 친구들의 말을 듣고 마음을 푼답니다. 아버지도 부모님 손에 고통을 당하신 적이 있잖아요? 그리고 이렇게 우리를 친절히 대해 준 분들의 부탁을 거절하는 건 도리가 아니에요."

"안티고네, 내 딸아, 내가 무슨 말을 더 할 수 있겠니? 네 말이 옳다. 그를 오게 해라. 그렇지만 나는 그놈이 원하는 대답은 절대로 해 주지 않을 테다."

테세우스가 대답했다.

"당연히 그러셔야지요. 그리고 나는 우쭐대기 좋아하는 인간은 아니지만 신들이 내게 힘을 주시는 한, 당신은 그 누구도 두려워할 필요가 없을 것이오."

동생을 죽이려는 폴리네이케스

그때 안티고네가 깜짝 놀란 듯 소리쳤다.

"저기 그가 와요!"

"누구 말이냐?"

"지금까지 우리가 이야기하고 있던 사람 말이에요. 폴리네이케스 오빠가 왔어요. 지금 아버지 앞에 서 있어요."

폴리네이케스는 오이디푸스의 꼴을 보더니 외쳤다.

"아, 누이여, 대체 이게 무슨 꼴이란 말이냐? 내 신세를 탓하기 전에 우리의 늙은 아버지를 위해 눈물을 흘려야겠구나. 아버지는 당신 한 몸 지킬 힘도 없이 추방당하신 뒤, 머리는 헝클어지고 더러운 누더기를 걸친 채 여기 초라하게 서 계시는구나. 그리고 정말 가슴 아픈 건 뼈에 살이 붙어 있는지 없는지 모를 만큼 말라깽이가 되신 것이다. 이렇게 늦게서야 비로소 그걸 알아차리다니 정말 부끄럽구나.

당신께 이런 일을 겪게 하다니 저에게 욕을 퍼부어 주십시오. 이 지경이 된 아버지를 돌보지 않는다면 나야말로 이 세상에서 가장 나쁜 놈일 것입니다. 제우스 신께 조언을 해 주시는 현명한 여신 메티스여, 제가 자신의 무정함에 대해 얼마나 양심의 가책을 느끼는지 보아 주십시오.

　아버지, 무엇이 그리 노여워서 한마디도 안 하시는 겁니까? 왜 고개를 돌리십니까? 아, 동생아, 아버지께 말 좀 해 다오. 제발 무슨 말이든 말씀 좀 해 주시라고, 나를 창피하게 물러나게 하지 마시라고. 나는 포세이돈의 제단에 기도를 올리려고 왔으니까 말이다."

　안티고네가 대답했다.

"그렇게 아버지의 목소리를 듣고 싶으면 왜 이곳에 왔는지, 원하는 게 무엇인지 말해 보세요. 그러면 진노하시든지 만족하시든지 대답을 하셔야 할 테니까요."

"그렇구나. 아버지께 모든 것을 말씀드리겠다. 그러나 그 전에 나는 내가 무릎을 꿇었던 제단의 신께도 호소하고 싶구나. 그리고 내가 여기로 오는 것을 허락해 주신 이 나라 왕께도 감사드리고 싶구나.

　아버지, 이제 제가 여기에 온 이유를 말씀드리겠습니다. 아마 알고 계시겠지만 저는 당신의 큰아들이므로 당연히 제 것이 되어야 할 왕권을 요구하다가 추방당했습니다. 에테오클레스는 정당하지도 않고 싸워서 이긴 것도 아니면서 거짓말로 백성을 속여 왕좌를 빼앗아 가 버렸습니다.

그래서 저는 아르고스로 가서 아드라스토스 왕의 딸과 결혼했습니다. 그리고 그 도시에서 제 왕좌를 되찾는 데 힘이 되어 주겠다는 씩씩한 장군들과 우정을 맺었습니다. 그래서 우리는 먼저 제게 나쁜 짓을 한 자의 자리를 빼앗고 죽여 버리겠다고 엄숙하게 맹세했고, 지금 일곱 명의 장군이 이끄는 군대가 테베를 포위하기 시작했습니다.

아버지, 저와 제 동맹군을 위해 부탁이 있습니다. 그들은 아버지도 아실 만한 사람들입니다. 제일 먼저 아드라스토스, 다음은 칼리돈의 티데우스, 세 번째로 창만 들면 거칠 게 없는 위대한 예언자인 암피아라오스입니다. 그리고 네 번째는 그의 아버지 탈라오스가 보낸 히포메돈, 다음은 맨손으로도 테베의 성벽을 쳐부순다고 자랑하는 카파네우스, 여섯 번째는 아탈란테의 훌륭한 아들 파르테노파이오스, 그리고 나쁜 운명이 낳은 당신의 아들 저, 이렇게 일곱입니다.

우리 모두 아버지께서 신성하다고 여기시는 모든 것을

걸고, 또 아버지께서 사랑하는 딸의 목숨을 걸고 빌 테니 부디 저에 대한 노여움을 거두어 주십시오. 왜냐하면 저는 지금 태어날 때부터 제 것이었던 왕좌를 가로채고 저를 내쫓은 동생에게 복수하려고 전쟁터로 가는 길이니까요. 아폴론의 신탁은 우리 형제 중 아버지의 지지를 받는 쪽이 승리할 것이라는 예언을 주셨습니다. 그래서 저는 아버지의 지지를 받으려고 여기에 오게 되었습니다. 이것이 제가 우리 조상님의 땅에 흐르는 시냇물과 우리 집 수호신의 이름으로 당신께 노여움을 푸시고 저와 함께 가 주시기를 비는 까닭입니다.

　저는 아버지와 마찬가지로 불쌍하고 초라하게 추방당했습니다. 그리고 아버지와 마찬가지로 다른 사람에게 친절을 베풀어 달라고 애원하며 살아야 할 운명입니다. 그런데 에테오클레스는 어떻습니까? 그는 제게서 훔쳐 간 왕좌에 앉아서 모든 것을 다 가졌습니다. 아버지께서 저를 축복하고 제 편으로 와 주신다면 제가 그 철면피를 쓰러뜨리겠습니다.

　그러면 아버지께서는 테베에 있는 우리의 궁궐로 돌아

가 저와 함께 사시면서, 낯선 타국을 떠돌며 겪으신 고초를 한순간에 모두 잊으실 수 있을 것입니다. 저는 이 모든 것을 반드시 지키겠습니다. 이것만이 우리 두 사람이 모두 살 길입니다."

말을 마친 폴리네이케스는 아버지의 대답을 애타게 기다렸다. 그러나 오이디푸스는 꼿꼿이 선 채 한마디 말도 하지 않았다. 결국 참다못한 최고 원로가 무거운 침묵을 깨뜨렸다.

"오이디푸스, 어서 저 사람에게 대답해 주시오. 저 사람을 위해서가 아니라, 그를 여기로 오게 한 테세우스 왕의 체면을 생각해서라도. 그런 뒤 제 갈 길로 가게 하시는 게 좋겠소."

아버지의 저주

"친애하는 친구들이여, 저놈을 내게 보낸 사람이 테세우스 왕만 아니었다면 나는 입술조차 떼지 않았을 것이오. 그러나 나는 이제 저놈에게 다시는 단 한순간도 기쁨을 맛볼 수 없는 저주를 퍼부을 것이오.

이 비열한 위선자여, 테베에서 네 말이 곧 법이었을 때, 네 아버지인 나를 추방하라고 명령한 것은 바로 네놈이 아니었더냐? 지금 내가 입고 있는 이 옷 외에는 아무것도 가진 것 없이, 집도 절도 없이 떠돌든지 말든지 아랑곳하지 않고 말이다. 이제 나를 보니 눈물이 난다고? 허, 그것은 네놈이 나를 안쓰럽게 여겨서가 아니라, 너 자신이 비참하게 되었기 때문일 뿐이다. 내가 그따위 눈물을 바라기나 할 것 같으냐?

　나는 지나가는 거지나 다름없이 나를 거리로 내몬 사람이 누구였는지 똑똑히 기억하고 있노라. 그리고 나를 위해 그토록 힘든 짐을 떠맡은 딸들이 아니었다면 이렇게 살아 있지 못했을 것이라는 것도 잘 알고 있노라.

　썩 꺼져 버려라! 운명이 네가 불효에 대한 대가를 치르도록 정해 놓은 곳으로. 그리고 네 군대가 테베로 진격하게 된다니, 내 말을 잘 듣도록 해라. 너는 성문 안으로는 한 발짝도 들여놓지 못할 것이다. 너와 네 동생은 둘 다 운명이 정해 놓은 대로 죽을 것이다. 그리고 너희들의 손은 서로의 피로 얼룩질 것이다. 네가 원하는 게 나의 축복이

었더냐? 나는 너희 두 놈에게 저주를 내릴 것이다. 네놈들이 저승에 가면 아버지란 존경해야 할 존재이지

눈멀고 무기력하다고 해서 조롱해서는 안 된다는 것을 가르쳐 줄 것이다. 나는 네놈에게 내린 아폴론 신의 예언이 이루어지라고 저주할 것이다.

테베의 신성한 땅을 밟아 보지도 못하고 아르고스로 돌아가지도 못하게 해 달라고. 그리고 네가 네 형제를 죽이는 순간, 너도 그의 칼에 쓰러지게 해 달라고 빌 것이다. 네놈들은 살아 있는 동안 형제다운 포옹 한번 해 보지 못하고 서로의 무기에 죽고 죽이게 될 것이다.

다 들었느냐? 그러면 이제 네 갈 길로 가거라. 가서 너를 따르는 무리에게 전해라. 그리고 테베를 향해 소리 높여 외쳐라. 온 테베 사람들이 다 알도록. 오이디푸스가 두 아들에게 공평하게 유산을 물려주었노라고!"

원로들은 너무도 무시무시한 저주에 어쩔 줄 몰라 하며 말했다.

"아, 폴리네이케스. 당신은 도움을 구하러 왔다가 빈손보다 더 나쁜 것만 얻어 가는구려. 이제 당신에겐 당신의 운명을 따르는 길밖에 없는 듯하오."

"아버지와 함께 가지 못하면 나와 내 동맹자들의 운명

이란 죽음과 패배를 의미하오. 우리가 아르고스를 떠나온 것이 이렇게 불행한 결과를 위한 것이란 말이오? 그러나 나는 우리가 테베의 일곱 개 문을 통과하기 전에 목숨을 잃을 거라고 동맹군의 장군들에게 말할 수는 없소.

오, 누이여, 모든 신들의 이름으로 부탁할 테니 내 청을 거절하지 말아다오. 만약 아버지의 저주가 정말 이루어진다면, 너는 테베로 돌아가게 되겠지. 그때는 죽은 자에게 어울리는 의식에 따라 참혹하게 죽어 있을 나의 시체를 묻어 다오.

내 영혼이 저승으로 내려가지도 못하고 영원히 비참하게 떠돌지 않도록. 그렇게만 해 준다면, 아버지를 돌보고 온갖 짐을 짊어진 너를 칭찬하던 사람들은 한층 더 네 따뜻한 마음씨를 칭찬할 것이다."

안티고네가 말했다.

"폴리네이케스 오빠, 자신의 목숨을 소중하게 여긴다면 내 말을 들으세요."

"무슨 말을 하고 싶은 거냐, 안티고네?"

"오빠의 군대를 끌고 아르고스로 돌아가세요."

"그건 불가능한 일이야. 나는 평생 동안 도망자나 겁쟁이라고 불리면서 살기는 싫다."

"그렇지만 오빠를 낳아 주고 길러 준 도시를 파괴하고 그와 함께 목숨을 잃는 것 말고 오빠가 얻는 것은 도대체 뭐죠?"

"내 것을 빼앗아 간 동생 놈이 나를 비웃고 고소해하는 동안, 나는 떠도는 몸이 되어 이곳저곳을 기웃거리며 살아야 한다면, 여기서 더 잃을 게 뭐가 있겠느냐?"

"그래서 피를 나눈 형제끼리 서로 죽고 죽여서 예언을 실현시키는 쪽을 택하겠다는 거예요?"

"그 어떤 예언도 내 마음을 바꿔 놓을 수는 없어."

"동맹군이 오빠에게서 등을 돌린다면 생각이 좀 달라지겠지요. 신탁이 오빠의 몰락을 예언했다는 게 알려지면 도대체 누가 감히 오빠 뒤를 따르겠어요?"

"그들은 결코 이 일을 알지 못할 것이다. 좋은 소식은 알리고 나쁜 소식은 감출 테니까."

"정말 그렇게 하실 작정이세요?"

"물론이다. 그러니까 더 이상 나를 붙잡으려 애쓰지 말아라. 비록 그것이 파멸로 이르는 길이라 해도 나는 내 길을 갈 것이다. 나의 아버지와 운명의 여신께서 그렇게 되기를 바라고 계시니까. 그러면 잘 있어라. 사랑하는 누이여! 조금이라도 나를 사랑한다면 네가 해 줄 수 있는 일은 죽은 나를 돌봐 주는 것뿐이다. 우리가 살아서 만나는 것은 이번이 마지막일 테니까."

말을 마치고 비장하게 돌아서는 폴리네이케스를 보고 안티고네는 울부짖었다.

"오, 안 돼요! 내 가엾은 오빠가 저승을 향해 곧장 달려가고 있어요."

폴리네이케스는 사라졌고 원로들이 다시 한번 노래했다.

또다시 고통스러운 신음 소리를 뱉게 하는
나쁜 소식이구나.
그러나 운명의 뜻이 그렇다면
우리가 거스를 수는 없도다.
영원히 죽지 않는 신의 힘에

맞설 자 누가 있겠는가.
신들의 명령은 거역할 수 없는 것.
시간이 흘러 많은 예언들이 실현되고
단 하루 만에 많은 것들이 쓰러지고
새로운 것들이 하늘로 솟아올랐네.

오, 제우스여,
당신의 번갯불은 하늘을 밝히고
그 아래에는 천둥소리가 대지를 뒤흔듭니다.
어둠은 장막처럼 우리를 둘러쌉니다.
신이시여,
당신께선 무슨 말을 하고 싶으신 겁니까.

"그 계시는 우리에게, 오이디푸스에게로 온 것, 서둘러 누군가 달려가 테세우스 왕을 모셔오게나."

요란한 소리를 내며 떨어지는 불에 하늘이 갈라지네.
이 같은 혼돈이 우리에게 좋은 징조일 수 있겠는가.

오! 인간의 아버지 제우스여,
당신의 노여움을 어찌하면 좋겠습니까.
혹시 우리가 잘못을 저질렀다면,
그리고 당신이 미워하시는 자에게 숨을 곳을 주었다면,
당신 앞에 무릎을 꿇고 빕니다.
저희에게서 노여움을 거두어 주십시오.

"테세우스 님! 어디 계십니까? 테세우스 님! 내가 죽기 전에 손을 잡아 주십시오. 저를 위해 당신께서 그 모든 것을 해 주셨으니 나는 당신에게 커다란 빚을 졌습니다."

몇 배나 영광스런 아테네의 왕이여,
어디에 계시든 서둘러 오십시오.
이방인이 당신을 부르고 있습니다.
당신께서 보여 주신 친절에 대한 보답으로
이 도시와 당신에게 선물을 주고 싶어 합니다.
꾸물대지 마십시오.
이미 한번 흘러간 강물과 시간은 돌이킬 수 없으니

테세우스여, 서두르세요.

이방인과 우리의 도시와 그의 친구들과 당신 자신을 위해.

사랑하는 딸들에게 작별을 고하는 오이디푸스

그러고선 몇 분 뒤, 테세우스가 그들 곁에 있었다.

"원로들이여, 왜 나를 부르셨소? 오이디푸스여, 내게 원하는 게 있소? 그리고 제우스께서는 왜 이렇게 천둥번개를 보내시는 거요? 이건 도대체 무엇을 의미한단 말이오?"

"테세우스 님, 이것은 제 죽음이 다가오고 있음을 의미합니다. 거짓말이라고는 할 줄 모르는 신들께서 이 천둥소리와 번갯불을 보내 제게 알려 주는 것입니다. 이제 저는 최후를 향해 걸어갈 것입니다."

"오이디푸스여, 나는 당신을 믿습니다. 이제껏 신들이 당신에게 한 말은 모두 진실이었으니까요. 내가 무슨 일을 해야 하는지 말만 해 주시오."

"예, 죽기 전에 밝혀 드리겠습니다. 지금 이 순간 그리고 내일도 아니, 영원히 당신의 도시에 내릴 축복이 무엇인지를 말입니다. 제가 비록 앞을 볼 순 없지만 아무도 이끌어 주지 않아도 제가 죽을 자리로 혼자서 걸어갈 것입니다.

당신은 내 두 딸과 함께 제 뒤를 따르십시오. 하지만 이 오이디푸스가 어디에서 어떻게 죽음을 맞이하게 될지 알게 되는 건 오직 당신뿐입니다.

그러나 당신은 그것을 누구에게도 말해서는 안 됩니다. 그리고 당신만이 당신 도시에 내릴, 땅 위의 어떤 힘이 준 것보다 더 큰 행운이 무엇인지 그 비밀을 듣게 될 것입니다.

그러면 당신은 그 비밀을 지켜야 할 신성한 의무를 갖게 됩니다. 당신이 죽을 때가 가까워 올 때, 비로소 그 비밀을 당신의 후계자에게만 말할 수 있습니다. 그는 또 마지막 숨을 몰아쉬면서 왕위를 이어받는 사람에게 그것을 전하겠지요.

이제 저를 따르십시오. 혹시 제가 발을 헛디딜까 걱정하지 않으셔도 됩니다. 죽은 자들의 영혼을 안내하는 헤르메스 신과 저승을 다스리는 페르세포네께서 저를 이끌어 주실 테니까요."

그러면서 오이디푸스는 앞장서서 걸었고 테세우스와 두 딸이 그 뒤를 따랐다.

오이디푸스는 테세우스와 페이리토오스가 우정을 맹세할 때 갈라진 돌에 이르렀다. 그 근처에 저승으로 내려가는 통로가 있었던 것이다.

그곳에서 오이디푸스는 딸들에게 죽은 사람에게 해 주는 것처럼 자신을 물로 적셔 달라고 했다. 의식이 끝나는 순간, 땅이 흔들리도록 요란한 천둥소리가 울렸다.

그러자 오이디푸스의 딸들은 겁에 질려 땅 위로 쓰러졌다. 그들은 아버지의 다리를 움켜잡고 아버지의 다리에 입을 맞추었다. 오이디푸스는 딸들을 내려다보며 말했다.

"내 아이들아, 오늘 이 시간부터 너희는 너희들이 그렇게 사랑하고 돌보아 주었으며, 또 너희를 세상 그 누구보다 더 많이 사랑했던 아버지를 잃게 되는구나. 이제 너희는 자신의 인생을 향해 혼자서 가야 한다.

그러나 매일매일 나의 시중을 들어야 하는 무거운 짐을

벗게 되었구나. 나를 묻어 주는 것 때문에 걱정할 필요는 없다. 그렇게도 끈질기게 나를 쫓아다니던 신들께서 드디어 자비로운 마음을 보여 주시는구나. 신들께서는 내게 죽음의 고통 없이 이 모습 그대로 저승으로 가도 좋다고 허락하셨단다."

오이디푸스는 이렇게 말하면서 두 팔을 뻗어 두 딸을 부둥켜안았다. 세 사람은 흐느낌 때문에 어깨를 들썩이며 서로를 꼭 끌어안은 채 한참 동안 서 있었다.

바로 그때, 저승의 입구를 통해 땅속 깊은 곳에서부터 낮고 근엄한 소리가 울려왔다.

"오이디푸스여, 무엇을 기다리고 있느냐? 이제 떠나야 할 시간인데도 너는 꾸물거리고 있구나."

오이디푸스는 금세 목소리의 주인공이 누구인지 알아차리고, 테세우스에게 옆으로 오라고 손짓했다.

"테세우스 님, 제 딸들을 당신께 맡깁니다. 당신이 그들에게 최선을 다해 줄 것을 알고 있습니다. 그리고 고아가 된 내 아이들아, 씩씩해야 한다. 여기서 이 아비에게 작별 인사를 해 다오. 지금부터 일어나는 모든 것은 아테네의 왕만이 보고 들어야 하니까."

마침내 무거운 짐을 벗은 오이디푸스

안티고네와 이스메네는 자꾸만 흘러내리는 눈물을 닦으며, 마지막 인사를 하고 뒤로 물러섰다. 오이디푸스는 테세우스의 손을 잡았다. 두 사람은 쪼개져 있는 캄캄한 바위 틈새를 향해 계속 걸어갔다.

얼마 뒤 테세우스는 혼자서 돌아왔다. 그의 얼굴에는 기쁨과 슬픔이 모두 쓰여 있었다. 오이디푸스가 그에게 맡긴 비밀은 그를 기쁘게 했다. 그러나 용감한 한 영혼을 잃은 것은 몹시 슬픈 일이었다.

테세우스는 눈물을 글썽이고 있는 소녀들 앞으로 와서 말했다.

"그대들 아버지의 인생은 길고 쓰라린 고문이었노라. 그러나 이제 그분은 영혼을 짓누르던 무거운 짐을 모두 벗으셨느니라. 그분은 그대들을 위해 있는 힘을 다하겠노라는 나의 약속을 받고 이 세상을 떠나셨노라.

이제 눈물을 거두어라. 신들께서 오이디푸스에게 허락

한 죽음은 이 세상의 어떤 인간도 받아 본 적이 없는 명예로운 것이었다. 그대들의 아버지는 자신의 두 발로 걸어서 저승으로 내려가셨다. 무덤도, 슬퍼할 이유도 남기지 않고 말이다."

테세우스의 말을 듣고 큰 위안을 얻은 두 소녀는 한없이 흘러내리는 눈물을 닦아 냈다.

이윽고 안티고네가 말했다.

"당신께서 저희들에게 베풀어 주실 수 있는 최고의 친절은 저희들을 되도록 빨리 테베로 돌아가게 해 주시는 거예요. 어쩌면 우리 오빠들의 목을 죄어 오고 있는 운명을 막을 시간이 남아 있을지도 모르니까요."

"그렇게 해 주마. 비록 죄를 지었다고는 하나 그분은 마지막 순간까지 온 인류가 존경할 만한 분이셨다. 나 역시 그분께 큰 빚을 졌노라. 너희들을 위해서, 그리고 내가 진 빚을 위해 너희들이 원하는 것은 무엇이든 해 주마."

테베를 공격한 일곱 명의 장군

형제를 화해시키려는 안티고네

테베의 궁궐 밖에서 안티고네가 가정 교사를 초조하게 기다리고 있었다.

그녀는 도시를 포위하고 있는 일곱 명의 장군의 막사(군대용 임시 건물)로 가는 길을 알아 오라고 가정 교사에게 남몰래 부탁했던 것이다.

안티고네는 폴리네이케스를 만나 에테오클레스와 협상해야 된다고 설득하려고 애쓰고 있었다.

그녀는 두 사람이 일단 만나기만 하면 무언가 좋은 결

과가 나오리라고 믿었던 것이다. 그러면 형제간의 피비린내 나는 다툼도 막을 수 있을 거라고 기대했다.

드디어 안티고네의 가정 교사가 나타났다.

"여기예요."

안티고네는 소리쳐 부르고는 그가 가까이 다가오자 걱정스럽게 물었다.

"오빠를 만나셨어요?"

"예, 아가씨의 제안을 받아들이겠다고 하셨습니다. 폴리네이케스 님이 곧 당신을 찾아올 겁니다. 그분은 에테오클레스 님과 만나는 것에도 반대하지 않는다고 하셨습니다."

"소중한 내 오랜 친구여, 그 소식이 저를 얼마나 기쁘게 하는지 당신은 모르실 거예요. 그런데 오빠가 혼자서 성 안으로 들어오기가 두렵다고 하지는 않았나요?"

"그도 그것이 위험한 일이라는 건 충분히 알고 있지만, 당신을 위해서라면 그 정도의 위험쯤은 감수할 각오가 되어 있다고 하시더군요."

"나를 위해서라고? 동생과 평화로운 방법으로 의견 차

이를 해결하기를 바라는 게 아니구요?"

"글쎄요, 그렇기도 하고 아니기도 합니다. 에테오클레스 님과 만나서 대화를 나누고 싶어 하기는 하셨습니다. 그러나 여전히 에테오클레스 님을 증오하고 동생이 부당하게 왕좌를 차지하게 내버려 둘 수는 없다고 하셨습니다."

"에테오클레스 오빠가 양보하지 않는다면, 결국 두 사람 중 누군가는 피를 흘릴 수밖에 없단 말이군요."

전쟁을 준비하는 일곱 명의 장군

"예, 저도 그렇게 될까 봐 무섭습니다. 우리가 이런 이야기를 나누고 있는 동안에도 폴리네이케스 님은 계속해서 동맹군의 아르고스 장군들을 힐끗힐끗 보더군요.

저는 그들 사이에 비밀리에 오가는 눈빛에서, 그들이 성벽을 타 넘어 들어와 성문을 때려 부수고, 테베 사람들을 무릎 꿇게 하고, 저항하는 사람들을 잔혹하게 죽이고 싶어 안달이 나 있다는 것을 눈치챌 수 있었습니다.

이제 폴리네이케스 님이 자신의 말을 뒤집기엔 너무 늦

었습니다. 그분이 말씀하시기를, 자신은 솔직히 에테오클레스 님이 도리를 알고 왕관을 포기할 사람이 아니라고 생각하신다는 겁니다. 그래도 그분은 모든 위험을 무릅쓰고서라도 성안으로 몰래 들어와 당신이 보는 앞에서 에테오클레스 님을 만나겠다고 말씀하셨습니다.

그런데 그때 어떤 장군이 폴리네이케스 님의 생각에 반대하고 나섰습니다. 그의 주장은 이랬습니다. '우리는 이미 테베를 손에 넣었소. 산더미 같은 전리품과 셀 수 없는 노예도.' 만약 아가씨께서 그들의 목소리를 직접 듣고, 또 그들의 눈에서 번득이는 탐욕을 엿보셨다면 '테베 사람들은 살 날이 얼마 남지 않았구나.' 하고 생각하셨을 겁니다."

"그러면 그들이 그런 짓을 하도록 폴리네이케스 오빠가 도울 거란 말인가요?"

"왕들의 궁궐을 향해 느릿느릿 다가가는 죄악 중에서 가장 나쁜 게 무엇인 줄 아십니까? 그건 바로 권력에 대한 욕망이랍니다. 바로 그것 때문에 동생이 형에게 맞서고, 아버지와 아들이 서로 싸우고, 아버지의 목을 조르는 자식도 생기는 것이지요. 또 바로 그런 욕망이 아가씨 두 오빠의 눈을 멀게 한 것입니다.

　자, 여기에 올라서 보십시오. 저 위로부터 그들의 막사가 모두 보일 것입니다. 그들이 무슨 작업을 하고 있는지 보시면, 그들이 그냥 물러갈 생각이 전혀 없다는 것을 아시게 될 겁니다."

　"예, 보고 싶어요. 걱정이라 해도 좋고 한가로운 호기심이라 해도 좋아요. 하지만 우리의 성벽 아래에서 무슨 일이 일어나는지 알고 싶어요. 잠깐만 절 좀 잡아 주세요."

　"자, 잡으십시오. 하지만 조심해서 올라가십시오."

　"그럴게요. 저들 좀 보세요. 아, 오빠들이여, 도대체 어떤 신이 당신들을 혈육 간의 전쟁으로 몰아가고 있나요?"

　"펠롭스의 저주를 완성시키고 라브다코스의 집을 피로 물들이기 위해서죠. 그런데 이리 와서 저기를 보십시오. 군대가 함께 움직이기 시작했습니다. 그리고 아르고스 군대가 자리를 잡고 있네요."

　"내 사랑하는 친구여, 저는 너무 무서워요. 온 벌판에 그들의 무기들이 번쩍거려요!"

　"폴리네이케스 님이 치밀한 준비 없이 군대를 끌고 왔

을 것 같습니까? 제가 이 말을 하는 뜻은 더 이상 그들이 물러갈 가망이 없다는 뜻입니다. 그런데 아가씨께서는 저들 중에서 누가 장군인지 구별할 수 있겠습니까?"

"예, 저기 투구에 깃털을 꽂고 맨 앞에 서 있는 사람이 장군이지요. 저 사람은 누구죠?"

"미케네의 히포메돈입니다. 용감한 장군이죠."

"제게는 잔인한 거인처럼 보이는 걸요. 그를 보니 온몸이 마구 떨려요."

"훨씬 더 무시무시한 놈은 괴상하게 꾸민 갑옷을 입은 저놈입니다. 저자가 칼리돈의 티데우스지요."

"그러면 저자의 아내와 폴리네이케스 오빠의 아내가 자매간이란 말인가요?"

"그리고 우리 테베를 싹 쓸어 버리겠다고 벼르고 있는 자이기도 하지요."

"맙소사, 오빠는 결혼해서 나쁜 사람이 우글거리는 집으로 들어갔군요. 그런데 제토스의 무덤을 지나가고 있는 저 사람은 누구죠? 저렇게 많은 부대가 따르는 걸 보니 분명히 그도 장군 같은데."

"저자는 아탈란테의 아들 파르테노파이오스입니다."

"아, 아르테미스가 사냥할 때 좀 더 예리한 화살로 그를 쏘았더라면, 저자가 살아남아 이렇게 우리 도시에 해를 끼치지 못했을 텐데!"

"예, 그랬더라면 신은 다른 계획을 세우셨겠죠."

"아마도 우리를 파멸시킬 계획 말이죠. 그런데 오빠는 어디 있지요? 폴리네이케스 오빠가 보이나요?"

"저 아래 니오베 일곱 딸의 무덤 옆에 계십니다. 그 옆에 서 있는 자가 그분의 장인이며 아르고스의 왕이기도 한 아드라스토스입니다."

"맞아요. 두 사람이 보이네요. 하지만 오빠가 어떻게 테베를 공격할 생각을 할 수 있었을까요? 오빠가 오면 나는 그의 발 앞에 쓰러져 오빠가 아무리 푸대접을 받았다 하더라도 다 잊으라고 매달릴 거예요. 더 이상 몇 배로 앙갚음하려 들지 말고 말이에요. 아, 저기 좀 보세요. 흰 전차를 모는 저 사람은 누구죠?"

"예언자이자 용감한 군인인 암피아라오스입니다. 그는 이번 전쟁 때문에 아드라스토스와 다투었답니다. 전쟁에

끼고 싶어 하지도 않았습니다. 억지로 끌려온 셈이죠. 왜냐하면 예전에 그들 사이에 불화가 생기면 그의 아내인 에리필레의 뜻에 따르기로 맹세한 적이 있었답니다. 그런데 에리필레는 폴리네이케스 님이 준 보석 때문에 전쟁터로 그의 등을 떠밀었답니다.

그 목걸이는 아프로디테 여신이 그녀의 딸 하르모니아가 카드모스 왕과 결혼할 때 선물로 주었는데, 걸고 있으면 죽을 때까지 젊음을 지킬 수 있다고 합니다.

그 목걸이가 아무리 유명한 목걸이라고는 하지만 저 암피아라오스는 아르고스 사람들이 전쟁에서 지게 되어 있고, 더욱이 자신이 전쟁터에서 쓰러질 것임을 알고도 무기를 들었답니다. 대단하지요?"

"제발 그의 예언이 맞아 주기를! 그런데 저들 중에 카파네우스가 누구지요? 그자가 무시무시하고 잔인한 전사라는 말을 들었어요."

"그는 성벽 아래서 왔다 갔다 하고 있습니다. 성벽을 기어오를 장소를 찾고 있다고 보면 틀림없을 겁니다. 저자는 오만한데다 무모하기까지 한 사람입니다.

저자는 설사 신의 뜻이 다른 곳에 있다 해도 테베로 들어와 여자들을 모조리 미케네로 끌고 가서 노예로 삼겠다고 떠벌리고 있답니다."

"오, 제우스여, 우리에게 물동이를 지워 샘물에서 그의 높은 궁전으로 나르게 하려는 저 잘난 체하는 자들에게 벼락을 내리소서. 그런 고역을 견디느니 저는 차라리 천 번이라도 죽는 쪽을 택할 것입니다."

"현명한 선택이군요. 그런데 일곱 장군과 군대를 보았으니 잠깐 안으로 들어갑시다. 신들께 기도를 올리려고 여자들이 이리로 오고 있습니다."

"예, 저는 가 보겠습니다. 하지만 새로운 소식이 있으면 제게 바로 알려 주세요."

안티고네는 궁궐로 들어갔고 여자들이 나와서 제우스의 제단 앞에 섰다.

그들은 손을 높이 들고 하늘에 대고 애원하는 노래를 부르기 시작했다.

"신이시여, 형제를 화해시켜 주소서."

오, 아버지 제우스여, 도와주소서.

펠롭스의 저주로부터

테베와 저희들을 구해 주소서.

형이 동생을 죽이게 하지 마소서.

세상에 그보다 나쁜 일은 없습니다.

저희가 눈물과 고통을 벗 삼아

노예로 끌려가게 하지 마소서.

미움을 부채질하고 불같이 화를 내게 해서

젊은이들의 마음에 그늘을 드리우고,

그들이 삶에 대한 사랑을 알지 못하게 하고,

피비린내 나는 전쟁터로 끌고 가는 신이

심술궂은 에리스와 함께

우리의 성벽으로 접근하지 않게 하소서.

에테오클레스와 그의 형을 다치지 않게 해 주소서.

테베와 일곱 개의 성문이 불길에 휩싸일 때까지

그들의 분노가 누그러지지 않을까 두렵습니다.

그리고 제우스여, 도와주소서.

당신만이 우리의 도시에서

불길한 전쟁의 위협을 거두실 수 있습니다.

성안으로 숨어든 폴리네이케스

그때 갑자기 여인 중 한 사람이 깜짝 놀라 외쳤다.

"내 눈을 믿어도 되나? 거기 갑옷을 차려입고 성안으로 들어오는 사람은 폴리네이케스 님이 아닌가요?"

"맞소. 나는 폴리네이케스요. 성벽을 넘어 몰래 들어오는 일은 그리 어렵지 않았소. 하지만 내가 만약 함정에 빠지거나 포위된다면 신이시여, 부디 저를 도와주소서. 테베 시민들이 사나운 개처럼 떼 지어 제게 덤빌 것입니다. 그건 그렇고, 나는 안티고네를 만나려고 서둘러 왔소."

안티고네의 가정 교사가 대답했다.

"두려워하실 것 없습니다. 이곳에는 위험이 없습니다. 그리고 안티고네 아가씨도 곧 오실 겁니다. 아가씨! 안티고네 아가씨! 어서 오십시오! 당신이 그렇게 보고 싶어 하던 분이 여기 계세요. 아, 저기 오시는군요! 당신 오빠가 기다리고 계십니다. 그러면 전 별다른 일이 없는지 성벽을 둘러보고 오겠습니다."

안티고네가 말했다.

"사랑하는 오빠, 와서 저를 안아 주세요. 우리가 얼마나 오빠를 보고 싶어 했는지 아시죠? 외국에서 결혼했다면서요? 우리는 가 보지도 못하고 축복도 하지 못했어요. 그보다 더 나쁜 것은요, 그 결혼이 우리에게 재앙을 가져왔다는 거예요. 오빠들이 서로 싸우지만 않았다면 지금쯤 모든 것이 더할 나위 없이 좋았을 거예요.

하지만 우리 조상들이 저지른 죄 때문에 신들의 구박을 받는 것이 바로 우리의 운명이지요. 그렇지만 이제 그만하면 충분해요. 지금 벌어지려고 하는 전쟁만은 무슨 일이 있어도 꼭 막아야만 해요."

"안티고네, 내 사랑하는 동생아. 나는 온갖 위험을 무릅쓰고 여기로 왔다. 네가 날 만나 보고 싶어 했기 때문이야. 신들은 내가 따라 올린 술을 받으시고 들키지 않고 성벽을 넘어오게 도와주셨다. 그런데 이렇게 와서 내 집과 신들의 제단과 내가 뛰어다니던 운동장과 디르케의 분수를 보니, 눈에서는 눈물이 솟고 분한 마음에 두 주먹이 불끈 쥐어지는구나.

내가 왜 내 나라에서 쫓겨나 낯선 땅으로 떠나야 했느냐? 무엇 때문에 내가 숱한 피와 눈물과 고생과 땀을 쏟아야 했느냐? 나를 이렇게 만든 사람은 다름 아닌 바로 내 동생이었다."

"제발 그렇게 말씀하지 마세요. 그게 에테오클레스 오빠의 탓인지, 아니면 어떤 신이 라브다코스 집안에 왕위 계승자를 없애기로 작정한 탓인지는 모르는 일이니까요. 또 우리의 힘으로 바꿀 수 있는 일인지, 이미 올림포스에서 다 정해진 일인지조차 모르구요. 그래도 온갖 노력은 다해 봐야죠. 이것이 제가 두 오빠를 모두 오시게 한 이유입니다. 에테오클레스 오빠도 곧 올 거예요. 그건 그렇고 외국에서 살기가 그렇게 힘드셨어요?"

"그건 직접 살아 보지 않고는 모르는 일이다."

"걱정 없이 떠도는 유랑 생활인데도요?"

"그래도 여전히 집이 그립고 동포도 그립고, 무엇보다

자유가 그리웠단다."

"자신의 의견을 말할 기회 같은 것 말인가요?"

"그래. 나를 보호해 주는 강력한 왕이 하는 말이라면, 바보 같은 말이라 해도 비굴하게 맞장구쳐야 했거든."

"결혼을 하기 전에는 어떻게 사셨어요?"

"허기진 배를 안고 그대로 쓰러져 잠든 적도 많았단다."

"그래도 부모님의 친구분들이 도와주지 않았나요?"

"그런 사람들은 어려움에 빠졌을 때는 순식간에 모두 사라져 버린단다."

"적어도 우리 가문의 이름은 도움이 됐을 텐데요."

"이름이 밥을 먹여 주진 않는단다, 안티고네."

"그래도 아르고스에선 꽤 높은 자리에까지 오르셨잖아요."

"그래, 하지만 그것도 네가 생각하는 것처럼 가문의 도움을 받아 이룬 것은 아니란다."

"무슨 일이 있었는데요?"

"좀 이상한 이야기지만 네가 듣고 싶어 하니까 말해 주마. 옛날에 아폴론께서 아드라스토스 왕에게 예언을 했단다. 그 내용은 그가 딸들을 사자나 멧돼지와 결혼시켜야 한다는 것이었지. 당연히 가엾은 아드라스토스는 어쩔 줄 몰라 했지.

바로 그때, 내가 지칠 대로 지치고 반쯤 굶은 채 아르고스에 도착한 거야. 나는 먹을 것과 쉴 곳을 구하려고 아드라스토스 왕의 궁궐로 갔지. 그런데 바로 내 뒤에 또 한 사람이 왔단다. 그 사람도 자기 나라에서 추방당했다더군. 그의 이름은 티데우스였는데, 칼리돈의 오이네우스 왕의 아들이었다.

그도 나와 마찬가지로 누더기를 걸치고 다 해진 신을 신고 있었지. 우리는 그곳에서 약간의 음식을 먹고, 잠을 잘 수 있는 손님방으로 안내되었어. 그 방에는 침대 한 개와 바닥에 깔린 헝겊으로 된 거적 외에는 아무것도 없었어. 티데우스는 곧바로 침대를 자기 것이라 하더군. 그리고 내게는 거만하게 거적을 가리켰어.

나는 그의 태도에 기분이 상해서 마구 욕을 퍼부어 주었다. 그랬더니 티데우스는 나더러 건방지다며 욕을 해 대더군. 그리고 동시에 서로 멱살을 잡았지. 그런 뒤 우리는 칼을 찾아 들고 전쟁터에 나온 병사처럼 싸우려고 방패를 움켜쥐었어.

결투를 막 시작하려는데 아드라스토스 왕이 문 앞에 나타난 거야. 그는 화가 나서 '여기서 뭣들 하는 거냐?'라고 고함을 지르더군. 그러고는 우리의 방패를 내려다보더구나. 내 방패에는 테베의 상징인 사자가 그려져 있었고, 티데우스 방패에는 칼리돈의 상징인 멧돼지가 있었거든.

'너희들이 맹수들이냐? 이렇게 싸우다니. 칼을 집어넣고 너희들이 누군지, 너희들의 방패에 왜 사자와 멧돼지가 새겨져 있는지 말해 보아라.' 하고 아드라스토스 왕은 소리쳤어.

우리는 각자의 방패에 새겨진 그림에 대해 설명했어. 그랬더니 아드라스토스 왕은 우리에게 예언을 들려 주었지. 그리고 바로 다음 날 자신의 두 딸과 우리를 결혼시켜 버렸어. 그런데 그게 다가 아니야. 우리가 아드라스토스의 사위가 되자, 그는 우리에게 아버지의 왕좌를 되찾아 주겠다고 약속했단다. 그리고 테베를 먼저 공격하기로 했던 거야. 왜냐하면 테베가 아르고스에서 더 가까웠거든.

행운의 여신이 나를 향해 미소 지은 셈이지. 내게 나쁜 짓을 한 놈은 우리 힘에 맞서려고 하기 전에 오랫동안 곰곰이 잘 생각해 봐야 할걸. 아드라스토스, 나, 티데우스 그리고 펠로폰네소스에서 온 네 명의 장군, 이렇게 일곱 명은 모두 굳은 결심을 한 장군들이고 우리는 모두 막강한 군대를 가지고 있으니까 말이다. 추방당한 뒤에 어려운 시기를 이겨 내고 이제 나는 아버지의 왕좌를 되찾을 것이다."

폴리네이케스가 이렇게 말하고 있을 때 여자들이 갑자기 외치는 소리가 들렸다.

다시 만난 형제

"에테오클레스 님이 오십니다! 신이시여, 부디 형제들이 화해하게 해 주소서!"

그리고 가장 나이가 많아 보이는 여인이 말했다.

"안티고네 님, 이제 당신의 시간입니다. 당신은 사려 깊은 분이니 이분들을 도울 수 있을 겁니다."

"오빠들이 도움을 원한다면 그렇지요. 에테오클레스 오

빠, 어서 오세요. 여기 큰오빠가 와 있어요. 두 분이 저를 얼마나 기쁘게 만들었는지 아마 상상도 못 하실 거예요. 제발 그걸 망치지 말아 주세요."

에테오클레스가 말했다.

"안티고네, 내가 왔다. 그리고 나는 너를 기쁘게 할 수 있는 일이라면 다 할 준비가 되어 있다. 하지만 우선 여기 이 녀석은 이치에 맞지 않는 요구부터 그만두어야 할 것이다."

안티고네는 당황해서 애원했다.

"오빠, 그렇게 딱 잘라 비난하지 마세요. 말하거나 결정을 내리기 전에 먼저 자신의 가슴에 손을 대고 물어보세요. 그리고 제가 이렇게 나서는 것을 용서하세요. 그렇지만 오빠들을 꾸짖어 줄 아버지도, 충고를 해 줄 어머니도 안 계시니 할 수 없어요.

오빠의 동생들은 힘이 없어요. 그리고 한낱 여자아이의 의견 따위는 무시하는 걸 당연하게 여기는 것도 잘 알고 있어요. 그러니까 어머니가 내 입을 빌려서 말하고 있다고 생각해 주세요. 만약 어머니가 살아 계셨다면 저와 똑같이 말씀하셨을 테니까요.

 우선 화난 표정부터 푸세요. 그리고 호통을 치거나 자기만 옳다고 우기면 안 돼요. 서로의 눈을 들여다보세요. 두 분 앞에 놓여 있는 건 눈이 마주치면 돌로 만들어 버리는 고르곤의 머리가 아니에요. 폴리네이케스 오빠, 조금만 돌아서서 에테오클레스 오빠를 보세요. 얼굴을 보면서 말하게 되면 말을 고를 때 훨씬 현명해져요. 그리고 상대방도 오빠의 말에 귀 기울이게 된답니다.

 어머니께선 두 친구가 싸운 뒤 다시 화해하고 싶어 할 때는 서로의 눈을 보고 두 사람을 묶어 주는 게 무엇인지 떠올려 보라고 말씀하시곤 했어요.

 폴리네이케스 오빠, 남의 나라 군대를 이끌고 여기로 온 이유가 뭔지 말해 보세요. 만약 오빠가 부당한 대접을 받았다면 신들께서 알아주실 거예요. 그러니 두 분이 먼저 화해하세요. 현명한 판단은 신들께 맡기시고."

 폴리네이케스가 말했다.

 "솔직하고 간단하게 말하마. 네 말이 옳다면 우리가 논쟁할 필요가 뭐 있겠니? 모든 사람이 알고 있고 너도 인정했듯이, 지금의 내 신세가 똑똑히 말해 주지 않느냐.
나는 동생에게 권력을 넘겨주었고, 그는 일 년이 지나

면 권력을 내게 내주겠다고 맹세했다. 그런데 이 녀석은 그 맹세를 짓밟고 왕좌를 끌어안고 앉아서 내 재산을 모조리 빼앗아 가고 결국 나를 추방해 버렸다. 내게 더없이 몹쓸 짓을 했던 것이다.

하지만 나는 내 것이었던 것을 되찾고 처음 약속한 대로 내가 일 년 동안 나라를 다스리게 되면 군대를 아르고 스스로 돌려보낼 작정이다. 그리고 열두 달 뒤에 이 왕국을 그에게 넘겨줄 것이다. 나는 내가 태어난 도시를 약탈하고 싶지도 않고, 사다리를 타고 성벽을 기어오르는 것이 기쁘지도 않다.

하지만 내가 바라는 정의를 얻을 수 없다면 그렇게 할 수밖에 없구나. 신이시여, 이 모든 것의 증인이 되어 주소서. 제가 이렇게 하는 것은 단지 태어나면서부터 제가 가졌던 권리와 제 고향을 도둑맞았기 때문입니다. 이보다 더 명백한 일이 어디 있습니까? 제가 말한 것보다 더 공평한 길이 어디 있겠습니까?"

듣고 있던 여인들 중에서 나이가 지긋한 한 여인이 말했다.

"공평하고 마음이 넓기도 하시지. 이제 에테오클레스 님도 그만큼만 지혜롭게 말씀하시면 우리는 두 분의 화해로 평화를 누릴 수가 있겠군요."

에테오클레스가 대답했다.

"모든 사람이 말한 대로만 한다면 싸울 필요도 없고 전쟁도 일어나지 않을 거요. 나도 인정하오. 이론적으로 그렇게 말할 수 있고 또 그런 것이 옳다는 둥 그르다는 둥 할 수는 있겠지. 하지만 말과 행동 사이에는 커다란 차이가 있소. 그런데 말로만 하면 별을 따거나, 떠오르는 태양을 붙잡거나, 땅 밑을 여행하거나 하는 일을 못 할 게 어디 있겠소?

그러나 이자가 나더러 포기하라고 말하는 것은 이미 내 손안에 있는 것들이오! 한번 물어보겠소. 내가 그의 요구대로 한다면 그대들은 나를 강하고 결단력 있다고 하겠소, 나약하고 바보 같다고 하겠소? 단지 저자가 군대를 끌고 와서는 이 땅을 못쓰게 만들어 버리겠다고 윽박지른다고 해서 맥없이 왕좌에서 걸어 내려온다면 내가 얼마나 오랫동안 부끄러워해야 되겠소?

그가 평화롭게 왔다면 문제가 다르오. 나는 기꺼이 그를 머물도록 할 것이오. 그러나 그가 지금 요구하는 것들은 절대로 들어줄 수 없소. 나는 결코 이 나라를 포기하고 그의 노예가 되진 않겠소. 바보가 아니라면 누가 그리 하겠소?

전쟁, 그래요. 합시다! 칼을 뽑으시오. 전차들로 벌판을 채우시오. 왕좌는 내 것이오. 그와 나눠 가지지는 않을 것이오! 인간의 권력이란 원래 그런 것이오. 그걸 지키기 위해서 다소 옳지 못한 일을 했다 해도 신앙심 깊고 올바르게 살면 되는 것이오."

안티고네의 노력은 물거품이 되고

에테오클레스의 말을 들은 여인들은 너무나 무서워서 숨을 몰아쉬며 항의했다.

"왕이시여, 어찌 그런 말씀을 하십니까? 어째서 불공평을 찬양하고 정의를 짓밟아 뭉개시는 겁니까?"

안티고네도 덧붙였다.

"다른 신들은 다 놔두고 왜 하필 가장 나쁜 신, 권력을 사랑하는 필라키아를 받드는 거예요? 그녀가 궁궐을 향해 느릿느릿 가는 곳마다 벌어지는 그녀의 잔치에서는 모든 것이 산산이 부서져 버린다는 것을 모르세요? 오빠도 다 알고 계시면서 왜 그녀에게 빠져 있는 거예요? 다른 신들도 계시잖아요?

어째서 형과 아우를, 친구와 친구를 사랑으로 묶어 주는 유일한 신, 평등의 요정 이소티스를 잊으신 거예요? 그녀의 도움이 없으면 우리는 진실한 우정도 평화도 얻을 수가 없어요.

어떤 사람은 너무 많은 것을 가지고, 또 어떤 사람은 아무것도 가지지 않으면 결국 문제가 생길 수밖에 없어요. 낮과 밤 자매가 시간을 나누어 가진 것은 얼마나 공평한 일인지 생각해 보세요. 그렇게 하니 질투가 싹틀 자리도 없이 둘 모두 다정하게 어울려 살고 있잖아요.

그러나 여기 있는 두 분은 바실리아가 가져다주는 힘과 돈에 눈이 멀어 권력과 재산을 나누기를 거절했어요. 하지만 바실리아는 고통과 재앙으로부터 오빠들을 지켜 주지 못해요. 왜냐하면 부정과 안전은 절대로 손을 잡을 수 없으니까요.

두 분은 존경받고 영화를 누리며 사는 게 인생의 전부이자 목표라고 생각하세요? 조금만 더 곰곰이 생각해 보세요. 그렇지 않다는 걸 이내 알게 될 테니까요. 재산이 너무 많으면 사람들은 타락할 뿐이에요. 분별 있는 사람은 목숨을 유지하는 데 없어서는 안 되는 몇 가지만 가지고도 충분히 행복해한답니다.

나라를 구하는 것보다 왕위가 더 중요하냐고 물으면, 오라버니들께서 뭐라고 대답하실지 저는 알고 있어요. 테베의 튼튼한 성벽이 아르고스 군대의 창에 무너지고 테베 여인들이 떼 지어 노예로 끌려갈 때를 상상해 보세요. 그런 꼴을 보게 된다면 권력에 대한 오빠들의 집착은 비통한 탄식으로 변해 버릴 거예요.

폴리네이케스 오빠도 그래요. 아드라스토스의 꾐에 빠져 자기가 태어난 나라를 향해 쳐들어오다니, 이는 너무도 무모하고 바보 같은 짓이에요. 그래, 정복자가 되어 테베의 성안으로 들어온다고 쳐요, 그러면 오빠는 어떤 전리품을 자랑하실 건가요? 어떻게 자기 자신을 제우스의 제물로 바치려고 하는 거죠? 아니면 '폴리네이케스, 철저히 테베를 파괴하고 이 방패를 신들께 바칩니다.'라고 쓴 비문으로 신전을 장식할 작정이에요? 저는 오빠가 그런 쓰디쓴 승리를 맛보지 않기를 원해요.

또 그와 반대로 만약 오빠가 졌을 경우, 어찌어찌해서 큰 부상 없이 아르고스 병사들의 시체로 뒤덮인 테베 벌판에서 살아남아 아르고스로 돌아갔다고 쳐요. 그러면 사람들은 이때다 하고 빈정댈 거예요. '아드라스토스여, 정말 훌륭한 결혼을 시키셨군요. 당신 딸들의 아름다운 결혼을 위해서 우리는 꽃다운 젊은이들을 잃었소.'라고요. 그 말을 듣게 되면 그 치욕을 어떻게 견디겠어요?

안 돼요, 폴리네이케스 오빠도 처음부터 끝까지 현명하게 생각해 보지 않았어요. 에테오클레스 오빠와 마찬가지로요. 지금 오빠들은 흥분해서 아무짝에도 쓸모 없는 고집을 부리고 있어요. 이 일을 바로잡으세요. 아직 시간이 있어요. 미친 짓이 미친 짓과 부딪치는 일보다 더 나쁜 것은 없으니까요."

여인들도 한목소리로 외쳤다.

"안티고네 아가씨가 정확하게 말했어요. 오, 신이시여, 테베 하늘에 걸려 있는 사악하고 어두운 그림자를 몰아내 주소서. 그리고 오이디푸스의 두 아들이 화해하게 해 주소서."

유일한 해결책은 전쟁뿐

그런데 에테오클레스가 별안간 버럭 소리를 질렀다.

"그대들의 충고는 그만하면 됐소! 우리는 단지 시간을 기다릴 뿐이오. 우리 두 사람이 화해하는 길은 오직 하나뿐이오. 그것은 내가 이 손에 왕권을 계속 쥐고 있는 것이오. 그리고 내게서 그걸 빼앗아 가지 못해 안달이 난 네놈은 목숨이 아까운 줄 알면 속히 성벽을 넘어 물러가라."

"흥, 나를 죽이려는 자는 누구든 자신도 똑같이 죽게 되리라는 걸 알아 두는 게 좋을 거야."

"내가 손에 무얼 들고 있는지 모르는 모양이군. 어서 여기서 나가라고 이미 말했다."

"알고 있다. 그렇지만 나는 돈 많은 겁쟁이가 어떤지도 잘 알고 있거든."

"흥, 그래서 겁쟁이와 맞서려고 강한 군대까지 끌고 오셨나?"

"현명한 자는 돌다리도 두드려 보고 건너는 법이다. 성급한 배짱은 부리지 않는 법이야."

"하지만 네가 아무리 엄청난 군대를 끌고 오고, 신께 술을 따라 바친다고 해도 무사히 달아나진 못할 거다."

"왜 원래 내 것이었던 것을 요구하는 게 안 된다는 거냐?"

"우리는 네게 줄 아무런 빚도 없다. 썩 물러가라!"

"내 조상님들의 신이시여, 이런 불공평한 일을 좀 보십시오. 나를 내 나라에서 쫓아내다니요!"

"너야말로 네 나라를 박살 내겠다고 달려드는 자가 아니더냐!"

"누가 자신의 맹세를 손바닥 뒤집듯 하는 자의 말을 듣기나 한다더냐?"

"그렇게 말하는 너는 반역자가 아니냐?"

"이 도둑놈아! 너는 내게서 왕좌를 빼앗아 갔다."

"마지막으로 말하겠다. 여기 테베에는 네 것이 아무것

도 없다."

"누이여, 여인들이여, 저자의 말을 들었소?"

"너는 우리의 원수다. 어서 꺼져라!"

"좋다, 기꺼이 가 주마. 하지만 전투에서 나와 마주치는 것까지 피할 수는 없을 것이다."

"오냐, 그 순간을 기대하마."

"좋다. 그러면 일곱 번째 성문에서 기다리고 있으마."

"거기서 네놈을 끝장내 주겠다!"

안티고네는 절망적으로 소리쳤다.

"이걸로 두 사람 다 끝장이에요! 정말 아버지의 저주를 그대로 받을 작정인가요?"

에테오클레스가 말했다.

"될 대로 되라지! 내 발아래로 이 궁궐이 꺼져 버린다 해도 나는 왕좌를 포기하지 않을 테니."

"마치 내가 오이디푸스의 아들이 아니라 노예라도 되는 것처럼 나를 쫓아내는구나. 그렇지만 내 칼이 마냥 게으름을 부리고 있지는 않을 거다. 내 나라가 고통받고 있다면 그 책임은 내가 아니라 저놈, 에테오클레스에게 있다.

이제 나는 가 보겠소. 나를 동정하는 분들이여, 안녕히. 그리고 다시는 못 볼지도 모를 아름다운 이 집과 신들의 조각상에게도 애정을 담아 작별 인사를 보낸다.

신들의 가호로 내가 이놈과 이놈의 군대를 쓰러뜨리고, 틀림없이 내 아버지의 왕좌에 다시 앉을 거라고 믿는다. 이제 나는 운명의 여신이 명하신 곳으로 가야 하오."

"가라, 나는 네놈을 기다리고 있으마."

이윽고 두 형제는 각자 몸을 휙 돌려 돌아서 가 버렸다. 그들의 등에 대고 안티고네가 울부짖었다.

"안 돼요, 오빠들! 절대로 안 돼! 오빠들이 아니어도 싸우는 건 테베인과 아르고스인들만으로도 충분하다구요!"

그러나 폴리네이케스와 에테오클레스는 그녀의 애원에도 눈썹 하나 까딱하지 않았다.

안티고네는 어쩔 줄을 몰라 잠깐 동안 멍하니 서 있었다. 그러고는 흐느껴 울면서 궁궐로 뛰어들어 갔다.

여인들 사이에서는 침울한 속삭임이 피어올랐다.

"맙소사, 저분들은 서로 죽이고 말 거야. 쯧쯧, 가엾은 분들 같으니라고."

한 여인이 말했다.

"테베의 왕좌 대신 저승에다 자리를 마련하시겠구나."

"이건 모두 두 분 다 분별력이 없어서 그런 거예요."

다른 여인이 덧붙였다.

"두 분 다 권력에 눈이 먼 데다 미움으로 가득 찬 고집불통들이세요."

"우리가 기대할 수 있는 건 어떤 신이 그들을 불쌍히 여겨 두 분을 화해시키는 것뿐이에요."

"아무도 그렇게 안 하실걸. 신들은 모두 저분들을 미워한다구요. 게다가 두 분 다 운명의 여신에게 방해받고 싶어하지도 않을 거예요.

예언자 테이레시아스 님도 그러셨잖아요. '그들은 서로의 칼에 쓰러져 죽을 것이다.'라고 말이에요……."

"저런, 가엾어서 어떡하나."

여인들은 한숨을 내쉬며 구슬픈 노래를 부르기 시작했다.

냉정한 운명의 여신들이
쳐 놓은 잔인한 장난을 보라.
디오니소스의 잔치에 무시무시한 아레스를 초대했다네.
우리의 젊은이들이 춤추고 명랑한 노래를 부르며
날이 밝아 올 때까지 열광적인 잔치를 벌이고
삶의 기쁨을 마시는구나.

그러나 전쟁에 미친 신은 사랑의 춤을 멎게 하고
칼과 창을 뽑아 들고 성으로 행진해 오는구나.
미친 듯 성난 함성을 내지르면서
뜨거운 입김을 내뱉으며
불과 죽음의 춤을 시작했다.

에리스의 심술은 형제를 갈라 놓고
이제 그녀는 기뻐하며
무자비한 기쁨에 들떠 환호성을 내지르네.
그녀는 신음하는 테베에 산더미 같은 불행을 쌓으며,
불행한 혈통, 라브다코스 집안의

마지막 한 사람까지 남김없이 쓰러뜨리려 하네.
한때는 신들의 사랑을 받았던 테베여,
처음 도시를 세운 카드모스의 핏줄은
위대한 제우스로부터 비롯되는구나.
결혼식이 열렸을 때 하늘의 아들들은 모두
서둘러 여기로 왔다.
사랑하는 하르모니아를 위해
헤파이스토스가 만들어 준 황금 왕좌에 앉은,
제우스가 선택해 세상에 보내 준 잔치의 신이여,
기쁨을 가져다주는 카드모스의 딸, 아름다운 세멜레여,
테베의 신 디오니소스여,
다시 신들의 뜻에 의해
'암피온의 리라'는 부드러운 소리를 울려 퍼뜨렸다.

높은 성벽과 일곱 개의 문을 가진
우리의 도시, 아름다운 테베여,
이제 피를 사랑하는 아레스를 위해서
테베와 테베인들은 짓밟혀 가루가 될지도 모른다네.

그때 가장 앞에 서 있던 여인이 말했다.

"저기 안티고네 아가씨의 선생이 오고 있어요. 뭔가 새로운 소식이 있나 봐요."

"선생님, 성벽에 다녀오셨죠? 거기서 무얼 보셨어요?"

"엄청난 것을 보았다오. 그런데 안티고네 아가씨는 어디 계십니까?"

"저기 오시네요."

안티고네는 걱정스러운 듯 물었다.

"선생님, 뭔가 알아내셨어요? 오빠들은 아직 살아 있나요? 성문에는 아직 별일 없는 거죠?"

"그분들은 무사합니다, 아가씨. 성벽에 올라서니까 저 위쪽부터 다 볼 수 있었습니다. 아르고스 사람들은 맹렬한 공격을 시작했지만, 우리 편은 잘 버티고 있습니다. 처음부터 모두 말씀드리겠습니다. 전투가 시작되기 직전에 저들의 트럼펫 소리가 울려 퍼졌습니다. 무시무시한 함성 소리가 들리는가 싶더니, 또다시 트럼펫 소리가 들려왔고 그 소리와 함께 적군이 성문으로 물밀듯이 쳐들어왔습니다.

전투가 벌어진 것이지요. 처음에는 조금 떨어져서 활을 쏘거나 창을 던지며 싸웠습니다. 그런데 그것들이 우리의 전선까지는 날아오지 못했습니다. 그러자 티데우스가 쩌렁쩌렁한 목소리로 이렇게 외쳤습니다.

'다나이드의 아들들아, 성문을 지키는 자들을 쓰러뜨려라. 기병대와 전차를 앞으로 옮겨라!'

그의 명령을 듣고 그들은 칼을 빼 들고 우리를 향해 몸을 던졌습니다. 그 뒤부터 필사적인 싸움이 계속됐습니다. 바짝 말라 있던 땅은 마음껏 피를 들이마시게 되었던 것입니다.

다음번에는 파르테노파이오스가 성문을 공격했습니다. 그는 성문에 불을 지르려고 '불과 곡괭이를 가져오라!' 하고 고함을 질렀습니다. 그리고 성벽 아래를 팠습니다. 그러나 그는 사납게 이리저리 날뛰다가 그의 금발 위로 떨어진 거대한 돌에 깔려 죽었습니다. 이제 그의 가엾은 어머니 아탈란테는 다시는 아들의 모습을 볼 수 없게 된 것입니다.

그 순간 에테오클레스 님은 그쪽 성벽에 있는 성문이

무사한지 확인하셨습니다. 그리고 그분은 다른 곳에서도 무슨 일이 벌어지는지 보려고 달려가셨습니다. 저 또한 그분을 놓치지 않으려고 기를 쓰고 쫓아갔습니다.

저는 티데우스와 한 무리의 창병들이 창을 비 오듯 날리고 있는 것을 보았습니다. 그러자 우리 편 병사들은 기가 죽어 몸을 가릴 곳을 찾아 뿔뿔이 흩어졌습니다. 그런데도 에테오클레스 님은 그들에게 성벽의 원래 위치로 돌아가라고 소리치셨습니다.

그렇지만 전쟁에 미친 카파네우스는 에테오클레스 님보다 한술 더 떴습니다. 아가씨도 그자를 보았어야 하는데! 그자는 사다리에 사다리를 올려 흔들리지 않게 한 다음 방패를 머리 위로 높이 들고 벽을 타 오르기 시작했습니다.

제우스가 아니면 그 누구도 자기로부터 도시를 빼앗을 수 없다고 계속 소리를 질러 대면서 말입니다.

그런데 그가 막 성벽을 타 넘어 성안으로 들어오려는 찰나, 번갯불이 그를 때렸습니다. 시커멓게 타 버린 그의 몸은 땅바닥으로 굴러떨어졌습니다.

그것을 본 아드라스토스는 제우스께서 테베 편이라는 것을 깨달았습니다. 그 즉시 그는 아르고스 병사들에게 철수하라고 명령했습니다.

반대로 희망적인 조짐에 용기를 얻은 우리 병사들은 성문 밖으로 쏟아져 나가 적군을 덮쳤습니다. 포위당한 적군들은 마구 찔러 대는 창을 칼로 막으면서 싸웠습니다. 적군의 시체는 순식간에 산더미처럼 쌓여 갔습니다.

여기까지가 제가 본 전부입니다. 우리는 성벽을 고스란히 지켰습니다. 그러나 우리의 행운이 앞으로도 계속될지 어떨지는 오직 신만이 아시겠죠."

안티고네가 대답했다.

"정말 굉장히 많은 이야기를 해 주셨군요. 내 오랜 친구여, 그런데 한 가지 말씀해 주시지 않은 게 있어요. 나의 두 오빠는 서로 만났나요?"

"두 분 다 살아 계십니다. 무얼 더 알고 싶으십니까?"

"뭔가 내게 숨기고 있군요. 그게 뭐죠?"

"전 좋은 소식을 가지고 왔습니다. 그러면 된 것 아닌가요?"

"그렇지 않아요. 더 나쁜 일이 있을 때엔."

"무엇이 알고 싶으십니까?"

"뭔가 무서운 일이 있었던 게로군요."

"아가씨의 두 오라버니는 아직 살아 계신다고 말씀드리지 않았습니까?"

"존경하는 오랜 친구여, 제발 내게 솔직히 말해 주세요."

"그렇게 조르시니 별수 없군요. 이제까지 제가 말씀드린 일이 일어난 뒤, 에테오클레스 님은 일곱 번째 문으로 달려가셨습니다. 폴리네이케스 님은 많은 무리의 군사들과 함께 반대쪽에 계셨습니다.

'겁쟁이야, 맹세를 깨뜨리는 놈아! 보라, 너는 나와서 나와 맞서기가 무서운 모양이다!'라고 외치면서 말입니다.

그때 성문 탑 꼭대기에서 에테오클레스 님이 맞받아 소리를 지르셨습니다.

'여기 내가 있다. 폴리네이케스, 네가 뭐라고 해도 나 에테오클레스는 겁쟁이가 아니란 걸 보여 주마. 내가 내려갈 때까지 기다려라!'

그분은 성벽에서 급히 내려와 성문에 나타나셨습니다.

그러고는 나팔수에게 조용히 하라는 신호를 보내라고 명령을 내리셨습니다. 양쪽 군대가 모두 조용해졌습니다. 그러자 숨을 깊이 들이마시고는 쩌렁쩌렁 울리는 목소리로 말씀하셨습니다.

'다나이드의 장군들이시여, 이 도시를 쳐부수겠다고 온 모든 병사들이여, 그리고 조상들이 주신 땅을 이토록 용맹하게 지켜 낸 카드모스의 후손들이여, 내 말을 들어 보시오! 나나 폴리네이케스를 위해 여러분의 귀한 목숨을 버리지 마시오. 이제 여러분의 무기는 내려놓으시오. 대신 우리 두 사람이 싸워서 결판을 내겠소. 만약 내가 이긴다면 나는 왕좌를 지킬 것이오. 그리고 내가 진다면 폴리네이케스가 왕좌를 차지할 것이고, 아르고스인들은 고향 집으로 돌아갈 수 있을 것이오.'

물론 폴리네이케스 님도 좋다고 소리치셨습니다. 아르고스인과 테베인들도 기쁘게 그 제안을 받아들였죠. 두 형제분은 술을 따라 신들께 바치고, 제우스 신께 정정당당하게 싸우도록 심판을 봐 달라고 부탁했습니다.

이윽고 선서가 끝난 뒤 각각 칼을 차고 창을 들었습니

다. 마지막으로 그분들은 거리를 재고 성난 얼굴로 서로를 노려보았습니다. 두 분 다 서로에게 무시무시한 무기를 쓰고 싶어 안달이 난 것처럼 보였습니다.

여기까지만 보고 저는 자리를 떴습니다. 저도 많은 전투에 나가 싸웠고, 또 그만큼 끔찍한 일도 많이 보았습니다.

하지만 이 늙은이의 가슴은 두 형제가 싸우다 죽음에 이르는 광경만은 차마 볼 수 없었던 것입니다."

가련한 형제의 최후

"그러면 친구여, 나를 거기로 데려다주세요. 아직 말릴 시간이 있을지도……."

그때 전령관이 숨을 헐떡이며 비틀거리면서 들어왔다.

"아가씨, 결국 끝장이 나고 말았습니다."

"끝장이라니?"

안티고네가 놀라 떨리는 목소리로 말했다.

"형제분들이 모두 돌아가셨습니다. 서로의 칼에 맞고 쓰러지셨습니다!"

"오, 신이여!"

안티고네는 그대로 쓰러져서 여인들의 팔에 매달려, 오빠들의 이름을 부르며 울부짖었다.

그러자 한 여인이 탄식했다.

"들어 보아라. 오, 왕궁이여! 이제 이 세상에는 오이디푸스의 아들들은 아무도 없다. 권력에 대한 욕망과 지독한 미움이 그분들을 죽였구나."

다른 여인이 말했다.

"그건 그분들이 아버지에게 불효를 저질렀기 때문이에요."

"아니에요. 그분들의 어두운 운명이 죽인 거예요. 아폴론 신께서 라이오스 왕의 묵은 죄에 대해 대가를 치르게 한 거죠."

안티고네가 외쳤다.

"오, 신이시여! 그렇게 지독히도 이 가문을 쫓아다니시더니 이제는 제 차례겠군요? 저는 이미 각오가 돼 있습니다."

선생도 맞장구쳤다.

"정말 신들께선 불공평하십니다. 그리고 무슨 죄를 지었다고 당신과 당신 동생 이스메네가 벌을 받아야 합니까?"

"설사 잘못이 없다 하더라도 우리의 피가 문제지요. 신들께선 다른 사람의 죄를 나누어 지고 있는 죄 없는 사람에게 벌을 내리실 때도, 나쁜 짓을 한 자들을 벌줄 때와 마찬가지로 가혹하게 구신답니다. 신들의 법이란 그런 것이지요. 그런데 왜 온 테베 사람들이 벌을 받아야 하죠? 그럼 아르고스 사람들은 이제 물러가나요? 아니면 성안으로 쳐들어와서 불을 지르나요?"

"걱정 마세요, 아가씨."

선생이 그녀에게 다시 확인시켜 주었다.

"신들께서 우리의 도시를 구하기로 결정하셨습니다. 테이레시아스도 그렇게 말했구요. 그의 예언은 이제껏 무엇 하나 틀린 게 없었습니다. 저들의 예언자 암피아라오스의 생각도 같았구요. 게다가 테베는 이렇게 굳건하게 버티고 있지 않습니까? 우리의 장군들은 모두 무사히 자리를 지키고 있습니다."

"다행이군요. 그런데 전령관, 혹시 내 오빠들이 죽기 전에 남기신 말은 없었느냐? 남은 우리에게 무언가 명령이나 마지막 부탁 같은 것 말이다."

전령관이 대답했다.

"제가 들은 바로는 없습니다. 결투를 시작하기 전에 제가 들은 것은 살벌하게도 각자 신들께 형제를 죽이도록 도와달라는 기도뿐이었습니다. 먼저 폴리네이케스 님은 아르고스 쪽으로 돌아서서 헤라 여신을 부르셨습니다.

'오, 존경하는 여신 헤라시여, 아르고스를 지켜 주십시오. 저도 당신의 신하입니다. 제 아내가 당신을 숭배하는 도시의 왕의 딸이고, 저는 아르고스의 군대를 이끌고 이곳에 왔기 때문입니다. 그러니 제가 제 앞에 서 있는 이자를 죽이고 제 아버지의 왕좌를 물려받게 도와주소서.'

이렇게 말입니다. 다음으로 에테오클레스 님은 아테나 신전을 향해 돌아서서 큰 소리로 기도를 올리셨습니다. '제우스의 따님이시여, 저에게 승리를 허락하소서. 자기 자신의 도시를 쳐부수러 온 이자를 죽이게 해 주소서.' 하고 말씀하셨습니다. 마치 자신의 상대가 형이 아니라 낯선 사람인 것처럼 말입니다. 그런 뒤 마침내 목숨을 건 결투의 시작을 알리는 나팔 소리가 울려 퍼졌습니다.

처음 한동안은 막상막하하였습니다. 그런데 폴리네이케스 님의 칼이 에테오클레스 님의 다리를 스쳤습니다. 아르고스인들은 좋아라고 소리를 질렀습니다. 그러나 이 환호성도 그리 오래가지 못했습니다.

잠시 뒤, 에테오클레스 님이 형을 속여서 방패를 들어 올리게 만드셨습니다. 그러고는 그 틈을 놓치지 않고 무방비 상태의 몸에 칼을 찌르셨습니다. 폴리네이케스 님은 치명적인 상처를 입고 땅 위로 쓰러지셨습니다. 에테오클레스 님은 의기양양하게 함성을 내지르며, 전리품처럼 방패를 들어 올리려고 허리를 굽히셨습니다.

그런데 폴리네이케스 님은 그때까지도 숨이 붙어 있었던 것입니다. 그분에겐 마지막 일격을 가할 힘이 남아 있었던 겁니다. 에테오클레스 님은 자신의 형 옆에 쓰러지셨습니다. 결국 두 분이 동시에 세상을 떠나시게 된 것입니다. 이것이 제가 아는 전부입니다.

또한 그분들이 돌아가시기 전에 무언가 말씀을 하셨다

해도, 저는 너무 멀리 있었기 때문에 듣지 못했을 겁니다. 게다가 저는 이 끔찍한 소식을 재빨리 전해 드리려고 번

개같이 달려와야 했으니까요."

안티고네는 울부짖었다.

"아, 오빠들이여! 왜 가슴에서 들리는 소리에 귀 기울이지 않으셨나요? 이제 우리 가문의 꽃은 떨어져 시들어 죽고 말았군요. 불행한 분들이여, 당신들의 욕심이 화를 불렀군요. 왕의 힘과 영광을 그리 바라더니 결국 가진 것은 저승의 어두운 복도뿐이로군요.

아! 재앙이 억수처럼 우리에게 퍼붓는구나. 우리는 불운한 아버지의 운명 때문에 울었고, 가엾은 어머니의 죽음을 애도했다. 그리고 서로 미워하는 오빠들 때문에 눈물을 흘려야 했다. 이제 우리에겐 더 이상 흘릴 눈물조차 남아 있지 않구나. 가슴엔 무겁고 어두운 아픔뿐이다."

여인들은 안티고네에게 안쓰러운 눈길을 보내면서, 깊은 슬픔을 자아내는 노래를 부르기 시작했다.

오, 에리니에스여, 성난 여신들이여,
당신의 비열한 작업이 목적을 이루었습니다.
아니면 우리를 다치게 할 마지막 일격으로

더 무서운 재앙이 아직도 남아 있습니까.

제일 먼저 라이오스가 쓰러졌습니다.
당신은 에리스의 그물에 걸린
사람들을 많이 구해 주었지만,
그를 구한 것은 얼마나 사악한 일입니까.
바로 자신의 아들의 손에 죽게 하려는 것이었으니.

다음으로 당신은 오이디푸스에게
인간이 알고 있는 가장 고약한 운명을 정해 주셨습니다.
테베를 구했고, 맹위를 떨치고 있던
스핑크스를 단번에 고꾸라뜨린 그를
더할 수 없이 끔찍한 방법으로 고꾸라뜨리셨습니다.
눈이 멀어 더듬거리며 저승으로 떠나도록.

이제 그의 두 아들도 그 길을 따랐으니
이것이 당신이 주신 가장 끔찍한 마지막 일격.
형제가 형제를 죽이고 죽여

그들의 미움은 영원히 풀어졌습니다.
두 살인자, 두 희생자여,
이제 자신들이 태어난 도시에
시체를 누일 땅만을 자기 것이라고 하는구나.

소름 끼치는 에리니에스여!
이제는 충분합니다.
우리의 괴로움과 신음 소리를 삼켜 버리고
우리에게 평화를 내리소서.
이 도시의 비탄은 차고도 넘칩니다.
그리고 고통받고 있는 궁궐에는
더 이상 재앙이 발 디딜 틈조차 없습니다.

또 다른 불행을 예고하는 명령

그들을 향해 다가오는 사람을 보고 여인들은 노래를 멈추었다.

"어머, 크레온 님이에요! 무슨 말을 하려고 하시는 것 같아요. 자, 들어 보아요."

크레온은 높은 성벽에 이르는 계단에 올라서서 아래를 내려다보며 소리쳤다.

"존경하는 오이디푸스의 따님이시여, 용맹스러운 테베 전사의 어머니, 아내, 누이들이여, 그리고 내 말을 듣고 있는 모든 사람들이여, 나는 기쁜 소식을 가지고 왔소. 우리의 도시는 구원받았소. 아르고스의 군대는 평화를 원치 않았지만 우리의 도시를 빼앗으려다가 비싼 대가를 치러야 했소. 뒤이어 벌어진 전투에서 신들은 우리에게 굉장한 승리를 내려 주셨던 것이오.

전투가 끝났을 때, 아르고스의 일곱 장군 중 살아남은 자는 아드라스토스뿐이었소. 그리고 그는 얼마 남지 않은 군사를 이끌고 도망쳐 버렸소. 그러나 지금은 우리가 승리에 취해 있을 때가 아니오. 더 중대한 문제가 남아 있기 때문이오.

왕이 돌아가셨으므로 왕위는 당연히 에테오클레스 님의 삼촌이자 가장 가까운 친척인 나, 크레온이 이어야 할 것이오. 이것은 에테오클레스 님이 돌아가시기 전에 자신의 입으로 내게 명령한 일이기도 하오. 그분은 내가 자신의 자리를 맡아 주기를 바라셨소. 그리고 테베를 다스리 것과 두 여동생을 돌봐 줄 것을 부탁했소. 특히 안티고네와 사랑하는 나의 아들 하이몬의 결혼식을 성대히 치러 주기를 바라셨소.

  그분은 내게 또 하나의 명령을 내렸소. 이것이 그의 마지막이자 가장 간절한 바람이었소. 그건 바로 폴리네이케스를 묻어 주지 말라는 것이었소. 그는 폴리네이케스가 쓰러진 성 밖에 시체를 그대로 내팽개쳐 사나운 개와 독수리에게 뜯어 먹히고, 그의 영혼이 영원히 떠돌아다니게 해 달라고 하셨소. 그리하여 이 땅에 해를 끼치려는 자에게 경고가 될 수 있도록 말이오. 감히 그를 묻어 주려는 자가 있으면 죽음으로써 그 대가를 치르게 될 것이오.

  이것이 에테오클레스 님의 마지막 명령이었소. 나는 그분과 신의 뜻을 받들어 이제 이 나라의 왕이 되려 하오. 그것이 돌아가신 왕의 소망에 따르는 길이오. 나는 기꺼이 내 임무를 다할 것이오. 법은 나와 여러분 모두에게 이 의무를 지게 하였소. 게다가 그렇게 하는 것이 지금으로선 가장 옳은 일이기도 하오."

여인들이 대답했다.

"법이 옳은지 그른지는 신만이 알 수 있지요. 그러나 한 가지 확실한 사실은, 벌이 너무나 가혹해서 그 법을 감히 어길 사람은 없을 거라는 것입니다."

그러나 그들의 말이 채 끝나기도 전에 안티고네가 외쳤다.

"아니, 내가 어길 거예요."

모두들 깜짝 놀라 그녀를 쳐다보았다.

크레온이 말했다.

"뭐라고 했느냐? 네가 그렇게 어리석은 말을 할 줄은 꿈에도 몰랐다."

안티고네가 대답했다.

"어리석은 것으로 따지자면, 그건 오히려 그러한 법이 그렇습니다."

"에테오클레스 님이 내린 명령이다. 그리고 나는 그것을 따를 의무가 있다."

"그러나 그 명령이 부도덕한 것이라면요? 그래도 따라야만 하나요?"

"그렇다면 너는 폴리네이케스의 시체를 맹수들에게 넘겨 주는 게 옳지 않다고 생각하느냐?"

"물론입니다. 그건 비록 글로 쓰여 있지 않지만 인간의 법보다 우선하는 신들의 법을 무시하는 것입니다."

"하지만 폴리네이케스는 자신의 조국에 크나큰 해를 끼치지 않았느냐?"

"그가 어떤 벌이든 받아야 한다면 그건 신께서 직접 내리실 거예요."

"그래서 사람들은 자기들의 도시를 배반한 자에게도 벌을 줄 수 없다는 거냐?"

"살아 있는 동안에는 얼마든지 벌을 내릴 수 있지요. 하지만 죽은 뒤에는 안 됩니다."

"그러나 그의 죄는 너무나 깊고 크다."

"그는 당연한 것을 원했을 뿐이에요."

"됐다. 어쨌거나 누구도 그를 묻어 주어선 안 된다!"

"내 어머니의 이름으로, 당신의 돌아가신 누이의 이름으로 애원하겠어요. 이 잔인한 명령을 거두어 주세요!"

"내게 애원한다고 얻어 낼 것은 아무것도 없느니라."

"그러면 적어도 시신을 씻게라도 해 주세요."

"어떤 의례도 해 주어서는 안 된다고 이미 말했잖느냐?"

"그렇다면 내 오빠에게 마지막 입맞춤이라도 하게 해 주세요."

"계속 이러면 내 아들과의 결혼을 허락하지 않겠다."

"제가 복종하지 않으면요?"

"그는 반역자라고 내가 말했느니라. 그러니 너는 그에게 어떤 마지막 인사도 해서는 안 될 것이다."

"신들이 정해 놓은 운명에 따랐을 뿐인데 그를 반역자라고 부를 수는 없어요."

"어쨌든 그는 반역을 저질렀고, 바로 그 때문에 묻히지도 못하고 애도도 받지 못할 것이다."

"안 돼요. 절대로 그럴 순 없어요! 오빠를 묻어 줄 방법을 반드시 찾고야 말겠어요."

"그런 짓을 했다간 너도 함께 그 무덤 속으로 들어갈 줄 알아라."

"내가 사랑했던 오빠와 무덤을 함께 나누어 가지는 것보다 행복한 일이 어디 있겠어요?"

"안티고네, 이것이 너를 위해 해 주는 마지막 말이다. 조심해라. 네 손으로 네 무덤을 파지 않도록!"

"크레온 님, 협박 따위가 제 결심을 바꿀 수는 없어요. 저는 제가 해야 할 일을 할 것입니다. 당신은 마음먹은 대로 의무를 다하세요. 누가 이 땅에 진짜 죄를 졌는지는 우리 후손들이 판단해 줄 테니까요."

여인들이 외쳤다.

오, 에리니에스, 성난 여신들이여,
우리가 두려워하는 치명적인
불행을 내리치는 에리니에스여,
이제 당신은 당신의 무기로
오이디푸스의 집을 넘어뜨리셨습니다.

지금 우리는
두 갈래 길에 서서 망설이고 있다네.
의무와 복종의 갈림길.
목숨을 걸고 의무를 다할 것인가,

명령에 복종하며 몸을 사릴 것인가.
어떤 길을 가든
당신의 용기가 부럽습니다, 불행한 여인이여.
겁내지 않고 똑바로 걸어가
당신 자신을 제단에 바치시다니!

안티고네

두려워하는 이스메네

장밋빛 손가락을 가진 새벽의 여신이 테베에 있는 궁궐 안뜰에서, 신음하는 도시 위로 황금빛 망토를 잔잔히 펼치고 있었다.

안티고네가 초조한 듯 서성이고 있을 무렵, 문이 열리더니 그녀의 동생 이스메네가 나타났다.

안티고네가 동생에게 말했다.

"이스메네, 아폴론께서 예언하신 많은 예언들 중에 아직 우리를 덮치지 않은 불행을 알고 있니? 우리가 겪었던 괴로움, 고통, 치욕, 멸시, 이 모든 것보다 더 나쁜 것을 말이야.

지금까지 얼마나 엄청난 파멸과 불행한 죽음이 우리 가족을 덮쳤니? 그런데 지금 그것만으로는 모자란다는 듯 크레온 님이 무시무시한 명령을 내렸단다. 잔인무도한 적군이 아니라면 절대로 생각도 해내지 못할 만한 새로운 재앙이 우리 집 문을 두드리는 소리를 너는 듣지 못한 모양이구나."

"무슨 일이에요, 언니? 언니의 말을 듣고 깜짝 놀랐어요. 좋은 일이든 나쁜 일이든 나는 아무것도 들은 게 없으니까요. 우리의 오빠들이 죽고, 패배한 아르고스 군대가 떠난 뒤 제 귀에는 아무런 소식도 들려 오지 않았어요."

"그럴 줄 알았어. 그래서 내가 사람들 눈에 띄지 않는 궁궐 밖, 여기서 널 만나자고 했던 거란다."

"어머, 무슨 일이 있었어요? 뭔가 끔찍한 일인가 봐. 무서워요."

"이스메네, 크레온 님이 돌아가신 우리의 오빠 중에서 한 분은 고이 묻어 주고, 다른 한 분은 묻지도 말고 쓰러진 그곳에 그냥 내버려 두라는 포고를 내리셨단다.

  크레온 님은 나라에 대한 의무를 다한 에테오클레스 오빠는 화려하게 예를 갖추어 묻어 주고, 반면에 목숨을 잃고 흥건하게 고인 피 위에 누워 계신 폴리네이케스 오빠를 위해서는 울어 주지도 말고 사나운 들개와 새 떼의 먹이가 되게 하라는구나.

  이것이 우리의 '훌륭하신' 크레온 님이 결정하신 일이란다. 그리고 그건 우리 두 사람, 특히 나를 염두에 두고 내린 포고일 거야. 그는 나를 너무도 잘 아니까 말이야. 그는 자신의 명령을 알리고 내게 경고하려고 언제든 찾아올 거야. 만약 그 명령을 어기면 누구든 시민들이 던진 돌에 맞아 수치스럽게 죽게 될 거라고 말이야.

  이제 무슨 일인지 알겠니? 자, 이제 네가 우리 가문의 훌륭한 딸인지 아닌지를 보여 줄 시간이 되었구나."

  "그런 일이 있었군요. 그러면 내가 지금부터 어떻게 해야 되죠, 언니?"

  "나를 도와 신성한 일을 할 것인지 아닌지를 결정해야겠지."

"무슨 말을 하고 싶은 거예요? 좀 더 확실하게 말해 줘요."

"나는 지금 너에게 오빠의 시체를 치우는 데 나를 도와 달라고 부탁하는 거야."

"언니는 지금, 묻어 주면 안 된다는 그 시신을 묻어 줄 작정이란 말이에요?"

"그분은 네 오빠이기도 하잖니? 나는 차마 오빠를 모른 척할 수는 없어."

"언니, 미쳤어요? 어떻게 그런 무서운 명령을 어길 꿈을 꾸는 거예요?"

"아무도 내 의무를 하지 말라고 말릴 수는 없어."

"사랑하는 언니, 합리적으로 생각하세요. 우리의 아버지께서 자신에게 어떤 일이 닥칠지도 모르고 사람들 앞에서 적나라하게 사실을 폭로하는 바람에 얼마나 큰 치욕을 당하셨는지 기억을 되살려 봐요. 결국 차마 세상을 볼 수 없어 당신의 눈을 후벼 파셨잖아요.

그리고 부끄러움을 이기지 못하고 끔찍하게 돌아가신 어머니를 생각해 봐요. 세 번째로 우리 오빠들이 미친개처럼 서로를 물고 늘어지다가 너무도 비참하게 죽어 버렸어요. 그리고 이제 달랑 우리 둘뿐인데, 우리가 왕의 권위에 도전해서 법을 어긴다면 우리의 운명은 어떻게 되겠어요?

사랑하는 언니, 잊지 말아요. 우리는 여자예요. 우리가 권력을 가진 자들을 상대로 버틸 수 있을 것 같아요? 이보다 더 호된 일이 있더라도 머리를 숙이고 복종하는 게 우리에게 주어진 운명일 거예요. 그러니까 나는 그 법을 따를 거예요. 내가 할 수 있는 일은 돌아가신 오빠에게 나를 이해해 달라고 마음속으로 비는 것뿐이에요. 나는 내가 아닌 다른 사람이 될 수는 없으니까요."

"됐어! 네게 도와달라고 하는 게 아니었는데. 더 이상 바라지 않으마. 나 혼자서 오빠를 묻어 줄 거야. 그러다가 죽으면 어떡하냐고? 그럼 난 법은 어기게 되겠지만 내 의무에는 충실하게 되는 셈이지. 그런 뒤 내가 저승에 가면, 나는 여기에 남겨진 사람과 있는 것보다 내가 한 일을 기뻐하는 사람들과 함께 있게 되어서 오히려 행복할 거야. 정 네 마음이 그렇다면 너는 사랑하는 사람들을 배신하렴."

"배신하는 게 아니에요. 단지 국가를 상대로 맞붙을 힘이 모자랄 뿐이지."

"그래, 어디 너 자신을 위로할 핑곗거리나 더 찾아보렴. 나는 죽은 오빠에게 예의를 지키러 갈 테니."

"언니가 그 일 때문에 끔찍한 벌을 받을 것을 생각하니 온몸이 떨려요."

"너는 네 목숨이나 잘 지키렴. 알량한 네 양심 때문에 날 성가시게 굴지 말고."

"왜 그렇게 펄펄 뛰는 거예요? 적어도 언니가 그런 일을 하려고 한다는 것은 아무도 눈치채지 못하도록 해야 하는 것 아닌가요?"

"그따위 말은 너한테나 하렴. 차라리 이 소식을 큰 소리로 떠들고 다니지 그러니? 난 네 보호 따위는 털끝만큼도 필요하지 않으니까."

"언니, 언니는 따뜻한 마음을 가진 분이에요. 그렇지만 자기 자신한테는 너무나 차갑게 굴어요."

"내가 한 일로 차가운 손발이 따뜻해진다면 그걸로 됐잖니?"

"그렇지만 성공하지 못할 거예요. 절대로!"

"어쨌든 나는 오빠를 묻어 주러 갈 거야. 내가 잘 해낼 수 있을지 없을지는 모르겠지만. 내가 갈 거라는 것 외에 확실한 건 아무것도 없어."

"현명한 사람은 행동하기 전에 가능성을 따져 본대요."

"내가 너를 미워하지 않게 제발 조용히 해 주렴. 그리고 죽은 오빠 근처에는 앞으로 영영 얼씬도 하지 말아라. 그분도 너를 미워하지 않도록 말야. 내가 할 일을 하고 당할 수 있는 최악의 일은 바로 죽는 것이야. 그뿐이야."

"그러면 가세요, 경솔한 언니. 적어도 언니가 가려는 곳엔 언니가 사랑하고 또 언니를 사랑해 주는 사람들이 있어서 좋으시겠네요."

이스메네는 이렇게 말을 끝맺고 궁궐로 돌아갔고, 안티고네는 성문에서 돌아섰다.

그녀들이 떠나자마자 테베의 원로들이 나와서 원을 그리고 둘러섰다. 그리고 하늘을 향해 팔을 뻗으며 외쳤다.

오, 태양이여, 너는 황금 햇살로
밤의 그림자를 쫓아 버렸다.
그리고 수십 대의 전차와
빛나는 방패와 깃털을 단 투구를 쓰고는
야만스러운 침략자를 몰아냈구나.

부당한 일을 당하고 미움받는
폴리네이케스가 침략자를 데리고 왔구나.
잔인하고 거친 울음소리를 가진 독수리처럼
날카로운 소리를 내지르며 테베를 쪼개 놓으러 왔도다.

그는 피에 굶주린 창을 들고 도시를 에워쌌구나.
우리의 아내와 아이들을 노예로 삼고
우리의 탑을 파괴하고 불지르겠다고 위협했다.
그러나 태어날 때부터 용처럼 용감한 우리의 전사들이
그의 대열을 흐트러뜨리자,
당황하여 피 흘리며 치욕스럽게 떠났다네.

올림포스의 왕은 존경심 없는 말을 미워한다네.
허풍도 싫어하고 자만을 경멸하네.
그래서 승리를 장담하며 나팔을 준비한 자에게는
사정없이 벼락을 내리쳤다네.
일곱 개의 문을 가진 테베의 높은 성벽에서
도시를 불태워 버리겠다고 뽐내던 자는
시커멓게 타서 쿵 하고 땅 위로 굴러떨어졌다네.
이것이 제우스에게 전리품을 바칠 꿈을 꾸던
일곱 장군의 파멸을 알리는 신호였다네.
그러나 아버지와 어머니를 함께 나눈 형제들,
저 불행한 형제들은
스스로 가장 비통한 죽음을 가졌다네.
형제가 서로 죽고 죽이는 것보다
더 흉악하고 더 끔찍한 죽음이 어디 있겠는가.

그러나 이제 승리는 테베 것,
전쟁의 공포는 잊어버리자.
우리 모두 신전으로 달려가세.

춤추며 디오니소스를 받들고
우리의 구세주 제우스를 찬양하는 노래를 부르기 위해.

왕이 된 크레온

원로들의 지도자가 말했다.

"그런데 저기 우리의 새로운 왕께서 오시오. 이제 왜 우리를 부르셨는지, 무슨 말을 하시려는지 알게 되겠군."

크레온은 원로들 곁으로 다가오자마자 소리 높여 말했다.

"테베의 시민들이여! 한때 테베를 부숴 버리겠다고 위협하던 신들이 다시 테베를 일으켜 세우셨소. 나는 여러분들이 그동안 라이오스 왕을 시작으로 오이디푸스 왕 그리고 그의 두 아들에 이르기까지 왕의 권력 앞에 변함없는 충성을 보여 주었음을 잘 알고 있소.

바로 그 때문에 이렇게 여러분을 부른 것이오. 이제 그들은 형제가 형제에 맞서는 처절한 전투 끝에 결국 죽고 말았소. 그래서 그들의 가장 가까운 친척인 내가 왕의 망토를 물려받게 되었소.

왕으로서 나는 오이디푸스의 두 아들에 대한 결정을 내리기에 이르렀소. 나는 에테오클레스 님이 자신의 나라를 지키다 돌아가셨으니 용감한 왕에게 걸맞는 온갖 예우를 다해 장례식을 성대하게 치르겠다고 선언했소.

그러나 폴리네이케스로 말하자면, 그는 자기가 태어난 이 땅을 짓밟고 동생의 피를 흘리게 하고 우리의 집들을 불사르고, 테베인들에게 쇠사슬을 채워 노예로 끌고 가려고 돌아왔던 것이오. 그래서 나는 누구도 그를 위해 울지도 말고, 죽은 자가 당연히 받아야 할 의식도 치러 주지 말 것이며, 독수리에게 뜯어 먹히게 차가운 땅 위에 버려 두라고 명령을 내렸소.

내가 이렇게 결정한 이유는 사악한 자들이 정당한 사람보다 존중받는 일이 있어서는 결코 안 되겠기에 그런 것이오. 나는 훌륭하고 신앙심 깊은 사람들만 존중할 것이오. 그들이 살아 있거나 죽었거나 간에."

아무도 그자를 묻어 주지 말라는 명령

크레온은 잠시 말을 멈췄다가 근엄한 목소리로 말했다.

"그 누구도 그자를 묻어 주지 말라."

이 말을 듣고 원로들의 지도자가 대답했다.

"크레온 님, 지금 당신은 우리의 왕이시니 마땅히 죽은 자에게든 저희에게든 당신이 원하시는 대로 법을 만들 권리를 갖고 계십니다."

"그러면 아무도 내 명령을 어기지 않도록 지켜봐 주시오."

"그런 일이라면 저희보다야 젊은 사람이 필요하지 않겠습니까?"

"이미 그리하였소. 그래서 나는 시체를 지켜볼 파수꾼들을 붙여 두었소."

"그러면 저희에게 바라시는 것은 무엇입니까?"

"누군가 내 명령을 어기는 자가 있으면, 그대들은 그자의 편에 서지 말라는 것이오."

"죽고 싶어 안달이 난 사람이 아니라면, 어느 누가 감히 그런 짓을 저지를 꿈이나 꾸겠습니까?"

"맞소. 죽음이 그 대가가 될 것이오. 그러나 많은 사람들이 눈앞의 이익에 눈이 멀어 실수를 저지르곤 한다오."

누가 왕의 명령을 거역했나?

그때 막 달려들어 온 파수꾼이 외쳤다.

"전하, 제가 숨을 헐떡이며 전속력으로 달려왔다고 말씀드리지는 않겠습니다요. 몇 번이나 당신께서 나를 처벌할지도 모르니 되돌아갈까 하는 마음에 발걸음을 멈춘 적도 있었으니까요. 하지만 또다시 저는 자신에게 물었습니다요. 이 사실을 다른 사람의 입을 통해 크레온 님이 아시게 되면 더한 벌을 내리시지나 않을까?

그래서 무거운 마음으로 다시 발을 떼어 놓았습니다요. 가까운 거리도 발을 질질 끌며 오다 보니, 아주 먼 길이 되었습죠. 그러나 결국 이리로 와서 당신께 말씀드리기로 마음먹었습니다요. 그래 봤자 운명의 여신께서 제게 정해 놓으신 것보다 더 나쁜 일을 겪으랴 싶었던 거지요."

"그래, 무엇이 너를 그리 괴롭혔단 말이냐? 어서 말해 보아라!"

"예, 하지만 먼저 저는 아무 짓도 하지 않았다는 말씀부터 드리고 싶습니다요. 글쎄, 저는 그 흉악한 짓을 한 자가 누군지 보지도 못했다니까요. 그런데도 이 일로 제가 벌을 받는다면 그건 정말 불공평합니다요. 저는 결백하니까요."

"무슨 일이길래 말을 꺼내기가 그리도 어려운 게냐? 뭔가 끔찍한 일임에 틀림없으렷다."

"예, 끔찍하다말고요. 그러니까 제가 두려워하는 게 아니겠습니까요."

"그게 무엇인지 어서 말하라. 아니면 썩 물러가거라."

"아, 아닙니다요, 말씀드리겠습니다요. 몇 시간쯤 전에 폴리네이케스의 시체에 누군가가 죽은 자를 위한 의식을 치러 주었지 뭡니까요. 시체 위에 흙을 뿌리고 오래전부터 죽은 자들에게 해 오던 그대로 말입니다요. 그러곤 아무에게도 들키지 않고 사라져 버렸습니다요."

"뭐라고! 누가 감히 그런 짓을 했단 말이냐?"

"저도 모릅니다요. 제가 아는 건 곡괭이로 땅을 파지는 않았다는 것과 누가 이런 짓을 했는지 아무런 실마리를 남기지 않았다는 것뿐입니다요.

오늘 아침에 파수꾼이 그 같은 사실을 말했을 때 어찌 된 영문인지 저희는 알 수가 없었습니다요. 시체가 보이지 않았기 때문이었습죠. 물론 무덤을 만들어 준 것은 아니었지만 대신 흙을 뿌려 덮어 놓았더군요.

우리 파수꾼들은 서로 책임을 미루며 싸우기 시작했습죠. 그러나 모두들 자기는 모르는 일이라고 발뺌하기 바빴지요. 우리는 벌겋게 단 무쇠를 손에 쥐고, 기꺼이 이글이글 타오르는 불 속으로 뛰어들어 모든 신들께 우리는 그런 짓을 한 자를 보지도 못했으며, 누군가 그런 짓을 하려고 할 줄은 꿈에도 몰랐노라고 맹세까지 하려고 했습니다요.

간단히 말씀드릴까요? 결국 누군가가 달려가 왕께 이 일을 고해야 한다고 말했습니다요. 누구도 그 말을 부인하지 않았지만 아무도 오려고 하지 않았습죠. 당연한 일이지요. 그래서 제비를 뽑았는뎁쇼, 이 불행한 사나이인 제가 가장 짧은 지푸라기를 뽑았던 거죠. 그래서 제가 온 겁니다요. 환영받지 못할 걸 뻔히 알면서 이렇게 나쁜 소식을 가져와야 했으니, 저는 정말 재수도 없지요."

원로들의 지도자가 말했다.

"전하, 무슨 일이 일어나든 간에, 그건 누군가가 신의 뜻에 따른 거라고 생각합니다."

"조용히 하시오. 내 노여움이 모조리 그대에게로 향하게 하고 싶소? 아무리 어린애라도 그따위 말은 하지 않을 거요. 도대체 왜 신들께서 그런 자를 동정한다고 생각하는 거요?

그자는 신들의 신전을 불사르고, 조상의 땅을 짓밟고, 신성한 법을 산산조각 내 버리려고 자신의 나라로 돌아온 자요. 그대는 신들께서 범죄자를 존중한다고 믿는 거요? 천만에, 무슨 일이 있었는지 내가 말해 주리다.

이 일은 분명히 이 도시 시민 중에 나를 못마땅하게 여겨, 뒤돌아서면 나의 힘과 법을 존경하지 않는 자들이 한 짓이오. 그들은 반드시 대가를 치를 것이오. 이 세상에 돈처럼 사악하고도 더러운 것은 없소. 그것은 대저택도 쓰러뜨리고 사람들을 집에서 내몰기도 한다오.

그것은 사람들의 마음도 사고, 또 그들을 사악한 길로 이끈다오. 돈을 받고 이런 짓을 한 자가 누구든, 내 분노가 그를 용서치 않을 것이오.

파수꾼이여, 잘 들어라. 폴리네이케스를 묻어 준 자를

찾지 못하면 내가 제우스 신을 떠받들고 존경하는 한, 너는 고통으로 몸부림치며 서서히 죽게 될 것이다. 나는 네 놈이 이 금지된 짓에 대해 아는 것을 모조리 털어놓도록 하겠다. 그래서 사람들에게 돈이란 정직하게 일해서 벌어야지, 반역을 저질러서 버는 게 아니라는 사실을 분명히 가르쳐 줄 것이다. 또 부정하게 번 돈은 그를 행복하게 만들기는커녕 파멸로 이끈다는 것도 보여 줄 것이다."

파수꾼이 물었다.

"물러가기 전에 한 말씀만 더 드려도 되겠습니까?"

"무엇이냐? 아직도 내 기분을 상하게 할 말이 남아 있느냐?"

"제 말은 가슴을 아프게 하지 않고, 귀만 귀찮게 할 뿐인뎁쇼."

"무슨 말을 하고 싶은 거냐?"

"진실입니다요. 당신의 마음을 상하게 한 자는 그런 짓을 저지른 자이지 제가 아닙니다요."

"네 이놈! 너는 계속 쓸데없는 말만 늘어놓는구나."

"예, 그러나 저는 맹세코 범인이 아닙니다요."

"내가 네가 한 짓이라고 하면 어쩔 테냐?"

"판결은 재판할 때 내리는 것 아닙니까요?"

"지금 말장난하자는 거야? 이걸로 됐다! 나는 궁궐로 돌아갈 것이다. 만약 내가 돌아올 때까지 죄인을 여기에 끌어다 놓지 못하면, 너는 뇌물을 받아 돈을 버는 것이 생각처럼 쉽지만은 않다는 걸 알게 될 것이다."

이 말을 남기고 크레온은 휙 돌아서더니 궁궐로 들어갔다.

"맙소사, 그놈들을 어디에 가서 붙잡으라는 거야? 잡을 수만 있다면 횡재를 하는 건데. 만약 못 잡으면? 그러면 다시는 여기서 여러분을 뵙지 못할 겁니다요. 당장 벌을 받은 건 아니니 이 정도로도 신들께 감사를 드려야겠군. 그러면 안녕히들 계십시오. 늦기 전에 저는 돌아갑니다요."

파수꾼은 원로들에게 인사하고 허둥지둥 가 버렸다. 원로들은 이번에는 어리둥절한 목소리로 노래를 불렀다.

세상에는 놀라운 일이 많지만
인간보다 더한 것은 없다네.

인간은 물거품 이는 바다를 길들여
물결을 가로지르는 길을 만들며 달린다네.
위대한 대지의 여신도
인간의 쟁기에 무릎을 꿇고
풍성한 선물을 낳는다네.
지혜로운 마음으로
그는 짐승의 세계를 지배한다네.
뿔과 발굽과 깃털은
그를 위해 죽고 산다네.

눈부신 재능으로
말하기와 글쓰기를 익혔고
아름다운 도시와 신전과 기념비들을 세웠다네.
손에 정을 들면
죽어 있던 대리석에도 핏기가 돌고,
단 한 번의 붓질로도 텅 빈 벽이 숨을 쉰다네.

음악과 춤 그리고 노래와

신성한 영감을 받은 시를
섬기고 숭배하는 자가 부를 때면
뮤즈와 카리테스 여신은 언제든지 달려온다네.

아름다운 예술을 가졌으니
인간은 창조자이자 선생이라네.
그의 삶은 높이높이 올라가
하늘까지 이르는구나.

하지만 많고 많은 놀랄 만한 일들을 이루고 싶어 하고
또 이룰 수 있다 해도
그는 죄악으로부터 도망칠 수는 없다네.
그의 마음은 너무나 쉽게
올바른 길을 떠나 나쁜 길을 향해
잽싸게 달려가곤 한다네.
그러면 우리는 슬픈 눈으로 지켜본다네,
위대한 인간이 한없이 초라해지는 모습을.

범인이 지목되다

원로들의 지도자가 놀라서 소리를 질렀다.

"아니, 저게 누구야? 파수꾼이 다시 돌아오고 있잖아. 그리고 그가 끌고 오는 사람은……, 맙소사! 안티고네가 아닌가! 오, 불행한 오이디푸스의 가엾은 따님, 어째서 왕의 법을 비웃고 그런 경솔한 짓을 하셨소?"

"나리! 여기 죄인이 있습니다요. 우리가 시체를 묻고 있는 이 여자를 잡았습죠. 그런데 크레온 님은 어디 계십니까?"

"마치 알고 계시기라도 한 것처럼 때맞춰 저기 오시는군."

크레온이 말했다.

"무얼 안단 말이오? 무슨 일이오?"

파수꾼이 머리를 조아리며 대답했다.

"전하, 사실 저는 돌아오지 않을 작정이었습니다요. 어떤 벌을 내리실지 두려웠기 때문입죠. 하지만 이렇게 법을 어긴 자를 데리고 돌아왔습니다. 무시무시한 위험에서 막 빠져나왔다는 걸 알았을 때 그 달콤한 안도감은 다른 무엇과도 비교할 수 없는 것이지요.

 이번에는 제비뽑기도 필요 없었습니다요. 이 여자를 잡은 건 바로 저였기 때문이죠. 이제 이 여자는 당신 것입니다요. 이 여자를 심문하시든지 아니면 풀어 주시든지 마음대로 처리하십시오. 이제 전 당연히 벌을 받지 않아도 되겠지요."

 "하지만 너는 무엇 때문에 이 여인을 붙잡아 왔느냐? 어서 말해 보라!"

 "저 여자가 시체를 묻어 주려 하고 있었습니다요. 이제는 모든 것을 아시겠지요?"

 "나는 네놈이 무슨 말을 하는지 도무지 이해할 수가 없구나."

 "글쎄, 이 여자가 당신께서 묻어 주지 말라고 하신 바로 그 시체에 흙을 뿌리고 있는 것을 보고 제가 붙잡아 왔다니까요."

 "너는 어디서 어떻게 저 애를 잡아왔느냐?"

 "무슨 일이 있었는지 다 말씀드릴까요? 저는 제자리로 돌아갔습니다요. 그때까지 제 귀에는 당신의 위협이 윙윙거리며 귓전을 맴돌았습죠. 다른 파수꾼들과 저는 시체에서 흙을 걷어 냈습니다요. 흙을 말끔히 쓸어 낸 뒤 우리는 바위에 올라앉아 망을 보고 있었습죠. 가끔씩 눈꺼풀이 스르르 내려올 때면 서로서로 팔꿈치로 툭툭 쳐 주면서 말입니다요.

태양이 하늘 한가운데 오자 날씨는 푹푹 찌기 시작했습니다요. 그때 어떤 신의 분노인지 사나운 회오리바람이 불어오더니 온 벌판을 뒤덮었습니다요. 나뭇가지들은 툭툭 부러져 나가고 하늘은 온통 떨어져 나온 나뭇잎과 흙먼지로 가득 차 눈도 못 뜰 지경이었습니다요. 한참 뒤 신성한 분노가 가라앉자마자 이 여자가 눈에 띄었습니다요.

여자는 흙이 걷혀 시체가 드러나 있는 것을 보고는 그 위에 쓰러져 가슴이 찢어지도록 슬프게 울었습니다요. 마치 새끼 잃은 어미새처럼 말입니다요. 비탄에 잠겨 그렇게 한참을 슬프게 울부짖다가, 자신의 오빠를 파낸 자들에게 저주를 퍼붓기 시작했습니다요. 그러고는 손으로 흙을 퍼다가 시체 위에 뿌리고 청동 항아리에 담긴 포도주를 끼얹었습니다요.

우리는 그녀가 의식을 채 끝내기도 전에 냅다 달려가서 그녀를 붙잡았던 것입니다요. 그리고 저번 일도 당신 짓

이냐고 물어보았습죠. 그랬더니 어찌나 순순히 그렇다고 인정하던지요! 제 목숨이 걸린 일만 아니었다면 불쌍해서 어떻게 했을지 모를 일이었습니다요.

우리가 좋아하는 사람이 심한 곤경에 빠진 것을 지켜보는 것은 미천한 저로서도 전혀 기쁜 일이 아니니까요. 유감스러운 일이지만, 결국 저는 그녀를 이리로 데려온 겁니다요. 이놈에게는 이 목을 지키는 것보다 더 중요한 일은 없기 때문이죠."

크레온은 호통을 쳤다.

"여봐라, 그리도 유순한 척 고개를 숙이고 있는 너에게 묻겠다. 너는 이 모든 것을 인정하느냐, 아니면 부인할 테냐?"

안티고네가 대답했다.

"아무것도 부인하지 않겠습니다. 그가 한 말은 모두 사실이니까요."

"파수꾼이여, 더 이상 네게는 볼일이 없다. 이제 너는 모든 의심을 벗고 자유로운 몸이다.

그리고 안티고네, 말해 보아라. 네가 어찌 감히 이런 일을 저질렀느냐? 그것은 해서는 안 되는 일이라는 것과 그 벌이 무엇인지 몰랐다고 말하지는 말아라."

"저도 알고 있어요. 제가 그런 일을 한 것은 그 일을 금하신 분이 제우스가 아니고, 신성한 정의의 여신도 그런 법을 인간에게 내리지 않으셨기 때문입니다. 어찌 한낱 인간의 명령이, 글로 쓰여 있지는 않아도 지금까지 언제나 있어 왔고 앞으로도 계속 있을 신들의 법을 감히 짓밟을 수 있는지 저로서는 도무지 이해할 수 없습니다. 저는 이 영원한 신들의 법을 어기는 것을 차마 보고만 있을 수가 없었을 뿐입니다. 그래서 신성한 정의의 여신이 인간에게 내리실 벌을 받느니 차라리 인간이 내리는 벌을 받기로 마음먹었던 거예요.

만약 제가 수명을 다하지 못하고 죽는다면 제게는 오히려 축복이 될 것입니다. 이때까지 살아오면서 제가 아는 건 고통과 불행뿐이었기 때문입니다. 제 오빠를 묻어 주지도 않고 내버려 두었더라면 제 인생은 몇 배나 더 고통스러웠을 거예요. 비록 신들의 뜻에 맞설 만큼 어리석은 사람들 눈에는 제가 더 어리석어 보인다 할지라도, 그게 뭐 그리 큰 문제가 되겠어요?"

원로들 중 한 사람이 말했다.

"아가씨는 바위처럼 단단한 사람이구려. 마치 자기 아버지처럼 말이오. 그분도 재앙이 닥쳐오는 것을 빤히 보시면서도 한 치도 뒤로 물러서지 않으셨지."

크레온이 화가 나서 말했다.

"잘난 체하다가 복종할 때를 놓친 사들에게 남는 건 치욕뿐이라는 것을 너는 곧 알게 될 것이다. 휠 줄 모르는 나무는 부러지게 마련인 법. 쇠를 만드는 두 가지 방법을 생각해 보아라. 거푸집에 부어서 만든 쇠는 단단하기는 해도 쉽게 부러져 버린다. 하지만 두드려서 만든 쇠는 휠 수도 있고 더 오래 가는 법이다. 너같이 하찮은 여자아이가 감히 법을 휘두르는 강력한 지배자를 상대로 버틸 수 있으리라 여기는 게냐?

여기 서 있는 이 계집을 보시오. 법을 어기고도 내 앞에서 건방지게 우쭐대고 있소. 뻔뻔스럽게도 자기가 한 짓을 잘했다고 우기고 있소. 자기가 왕과 동등하다고 생각하는지, 아니면 이 나라를 다스리는 사람이 내가 아니라고 생각하는 건지……. 만약 내가 저 아이에게 벌을 내리지 않고 보내 준다면 진짜로 그리하려 들 것이오.

그 때문에 나는 인정사정 봐주지 않고 엄벌을 내릴 것이오. 비록 저 아이가 내 누이의 자식이며, 내게 가장 가까운 친척이라 할지라도 말이오.

자, 누가 가서 이스메네를 데려오너라. 이 일은 틀림없이 이스메네와 함께 한 짓일 테니. 나는 폴리네이케스를 묻지 않고 버려 둘 것이라는 말을 듣고 그 아이가 머리카락을 쥐어뜯는 것을 보았다. 남몰래 못된 짓을 꾸미는 자들은 자신도 모르게 그런 표현을 하지."

안티고네가 나섰다.

"대체 얼마나 더 심술궂게 굴어야 분이 풀린단 말씀이세요? 나 하나 죽는 것만으로는 모자란다는 건가요?"

"걱정 말아라. 그렇게만 되면 나로서도 더 바라는 게 없으니까."

"그렇다면 무얼 꾸물거리세요? 어서 제가 바라는 대로 죽게 해 주세요. 나는 힘은 없지만 어리석은 지배자가 금하신 내 의무를 다했어요. 이제 죽은 오빠 곁에 묻힐 수만 있다면 그보다 더한 자랑과 영광이 어디 있겠어요?

그리고 당신은 똑똑히 아셔야 해요. 여기 있는 모든 사람들이 저와 똑같은 생각을 가지고 있지만, 차마 두려움 때문에 혀가 굳어서 말하지 못할 뿐이라는 사실을. 그게 바로 폭군의 약점이지요. 다른 사람의 생각은 들으려고도 하지 않고, 언제나 자기 생각대로만 말하고 행동하는 것 말이에요."

"감히 내게 그따위 소리를 지껄이다니! 테베에는 너를 지지해 줄 사람이 단 한 명도 없어!"

"그들은 모두 저와 같은 생각을 갖고 있어요. 단지 입을 다물고 있을 뿐이죠. 당신을 노엽게 할까 무서워 말을 하지 않는 것뿐이라구요."

"저 현명한 원로들을 보아라. 너는 이들과 다르게 구는 것이 옳은 일이라고 생각하느냐?"

"시신은 나의 오빠이지, 저분들의 오빠가 아니니까요."

"그러면 에테오클레스는 네게 남이냐? 어찌 한 사람에게는 존경을 표하고 다른 한 사람은 걷어차 버리는 거냐?"

"에테오클레스 오빠가 살아 있었다 해도 당신처럼 말하

지는 않았을 거예요."

"하지만 네가 붙잡혔을 때 너는 폴리네이케스를 위해 울고 있지 않았느냐?"

"그는 제 오빠예요. 지나가는 개가 아니라구요!"

"에테오클레스는 애국자였지만 폴리네이케스는 반역자였다!"

"저승에서는 죽은 사람은 다 똑같아요."

"선한 자와 악한 자를 똑같이 놓을 순 없다!"

"지하 세계에서는 그런 구별 따윈 없어요!"

"아무리 죽었다 해도 원수는 친구가 될 수 없는 법이다!"

"나는 그들의 누이예요. 나는 그들을 미워하기 위해서가 아니라 사랑하기 위해 태어났다구요!"

그때 원로들이 외쳤다.

"이스메네가 옵니다. 눈물이 볼 위를 흐르고 있군요. 쯧쯧, 움푹 들어간 눈 때문에 아름다운 그녀의 얼굴에 그늘이 졌구려."

"이리로 오너라! 독사 같은 계집들! 네가 내 피를 받아 마실 작정이었구나. 나는 너희들이 내 파멸을 꾸미고 그처럼 큰 위험을 품고 있는 줄은 꿈에도 몰랐다. 너는 이 일에 공모했다고 자백하겠느냐, 아니면 결백하다고 맹세할

참이냐?"

이스메네가 대답했다.

"예, 물론 저도 도왔어요. 그러니 우리 두 사람이 벌을 나누겠습니다."

"이스메네, 내 동생아, 너는 전혀 도와주지 않았잖니! 네가 원하지도 않았고, 내가 허락하지도 않았어."

"혼자서 이런 불행을 겪는 언니를 보니, 이제 아무것도 부인하고 싶지 않아요. 저는 언니 옆에 서 있는 게 하나도 무섭지 않으니까요."

"저승에 계신 분들은 네가 돕지 않았다는 것을 알고 계신다. 그런 말은 필요 없어."

"말뿐만이 아니에요. 나도 죽은 오빠를 받들고 함께 죽기를 원해요."

"나는 네가 죽는 것은 바라지도 않고, 네가 손도 대지 않은 일을 했다고 말하기를 바라지도 않아. 죽는 것은 나 하나로 충분해."

"언니가 가 버리면 내 인생에 무슨 기쁨이 남겠어요?"

"크레온 님께 물어보렴. 네가 관심 있는 건 그분이

잖아?"

"언니, 이렇게 나를 비참하게 만들어서 언니에게 무슨 도움이 된다고 그러세요?"

"이렇게 말하는 나도 괴롭단다."

"그래도 언니를 돕고 싶어요."

"네가 여기서 무사히 빠져나가는 게 나를 돕는 길이야."

"싫어요, 언니의 운명을 저도 함께 나눌 거에요."

"안 돼! 너는 살기를 택했고 나는 죽기를 택했어."

"왜 꼭 그래야만 되죠?"

"누군가의 마음에 들고 싶은 거란다. 지하에 계신 분들도 분명 내 뜻을 알고 흐뭇해하실 거야."

"하지만 내게도 책임이 있어요. 우리는 죽은 오빠를 똑같이 사랑하잖아요."

"이스메네, 너는 아직 살아 있고 나는 이제 죽은 목숨이야. 부디 씩씩하려무나, 내 어린 동생아."

크레온이 외쳤다.

"둘 다 미쳤어! 하나는 지금에서야, 다른 하나는 태어날 때부터 제정신이 아닌 게야."

이스메네가 대답했다.

"불행을 만나면 조심성 따위는 바람 속으로 사라져 버리게 되지요. 언니가 죽는다면 저 혼자서 어떻게 살아가겠어요?"

"네 언니는 잊어버려라. 더 이상 이 세상 사람이 아니니까."

"정말 아드님의 약혼자를 죽일 셈인가요?"

"저 애가 아니어도 여자는 많다."

"저렇게 서로 사랑하는 한 쌍을 죽음으로 갈라놓는단 말씀이세요?"

"나는 내 아들이 저런 발칙한 아내를 얻기 바라지 않는다."

"아, 하이몬. 당신의 아버지가 당신의 가슴을 찢어 놓는군요."

"됐다! 더 이상 결혼 얘기는 꺼내지도 말아라!"

원로들도 다시 물었다.

"정말로 이 결혼을 깰 생각이십니까?"

"이미 충분히 말했잖소! 저 애는 곧 죽을 테니 결혼식은 없을 것이오."

"아, 벌써 단단히 작정하셨군요."

"나와 그대들 그리고 도시 전체가 정한 일이오. 저 계집들을 당장 끌고 가라. 그리고 잘 감시하도록 해라. 아무리 겁 없는 자들도 죽음 앞에서는 줄행랑을 치고 싶어 하는 법이니까."

원로들은 신음 소리를 내며 다시 한번 노래했다.

평생 고통을 맛보지 않는 자는 행복하도다.
신들의 분노가 그들을 후려치면
하얗게 부서지는 파도처럼, 그들을 넘어뜨리며
재앙은 줄기차게 밀려온다네.
사나운 파도가 해안을 때리면
성난 북풍이 거세게 몰아붙이는 것과 같이.

라브다코스의 집안에는
3대째 계속 쉬지 않고 재난이 닥쳤다네.
그들은 차례차례

잔인한 운명의 여신이 쳐 놓은 그물에 옭매였도다.
이제 마지막 남은 희미한 희망이 어슴푸레 빛을 냈지만,
에리니에스는 인간의 마음을 돌리고
하데스는 잔인한 칼을 가는구나.

오, 제우스여,
어떤 인간도 당신의 힘을 꺾을 수는 없습니다.
모든 것을 재우는 잠도
모든 것을 바꾸는 시간도
당신을 이길 수는 없습니다.

오, 제우스여,
높디높은 올림포스의 황금으로 된 방에서
영원히 늙지 않는 당신은 세상을 다스리고
당신의 뜻은 언제까지나 변함없이 남아 있도다.
"어떤 인간도 재앙과 괴로움과 고통 없이 살 수는 없으리라."

희망은 많은 사람에게 위안이 되지만
또 많은 사람을 속이기도 한다네.
신께서 마음을 흐리게 하면
그들의 눈에는 악도 선같이 보인다고 말한 사람은
참으로 현명하도다.

그런데 저기, 왕이 가장 사랑하는
막내아들 하이몬 님이 오시는구려.
안티고네 아가씨의 운명을 아시는 걸까요.
얼굴에 수심이 가득하구려.

크레온의 아들 하이몬

하이몬이 가까이 다가오며 크레온에게 말했다.

"아버지, 저는 아버지의 지혜로운 충고를 들으면서 씩씩한 남자로 자라났습니다. 언제나 저는 아버지의 말씀을 명심할 것입니다. 아버지의 의견이 제게는 무엇보다 중요하니까요. 결혼은 그다음이지요."

"하이몬, 잘 말해 주었다. 자식에겐 아비의 말보다 중요한 건 아무것도 없느니라. 내 말을 명심하고 한낱 계집 때문에 마음을 바꾸지는 말아라. 사악한 여인을 끌어안는 것은 네 마음을 따뜻하게 하기는커녕 냉랭하게 만들 뿐이다. 네 집에 나쁜 친구를 들이는 것보다 더 나쁜 일은 없느니라. 그러니 아무 말 말고 네 여자를 떠나보내, 저승의 신 하데스하고나 결혼하게 하려무나. 저 여자는 이 도시를 통틀어서 내 명령을 업신여긴 유일한 사람이다.

그러니 나는 내가 했던 말을 스스로 뒤집어서 놀림거리가 되고 싶지는 않구나. 나는 이미 그녀에게 분명히 경고했었다. 그리고 나는 결심한 바가 있노라. 우리가 친척이라고 해서 자비를 베풀기 시작하면, 얼마 못 가서 낯선 자들도 우리의 명령을 우습게 여기는 꼴을 참아야 할 것이다.

나는 내 집안부터 공정하게 다스리고, 그런 뒤에 백성들도 다스릴 것이다. 나는 내가 하는 일이 정의로운 것이라고 믿는다. 그러니 법을 무시하고 내 뜻을 거스르려 하는 놈이 있으면 결코 벌을 면치 못할 것이다.

도시가 한번 지배자를 선택하고 나면, 온 백성은 그의

결정에 따르지 않으면 안 된다. 그 결정이 크든 작든, 공정하든 아니든 상관없이 말이다. 왜냐하면 지배자란 시민 전체의 이익을 위해서라면 불길 속으로도 뛰어들 수 있는 사람이기 때문이다.

하이몬, 잘 들어 두어라. 규율만이 도시를 구할 수 있느니라. 제멋대로 구는 자들이 많아지면 나라의 근본이 흔들리게 될 게다. 그렇게 되면 집들은 쑥대밭이 되고 군인들은 꽁무니를 빼겠지. 바로 이런 이유로 우리는 엄격하게 법을 지켜야 하는 것이다."

"온 도시가 아가씨를 위해 울고 있습니다."

"아버지, 신들께선 우리 인간에게 지혜로운 마음을 주셨습니다. 인간에게 이보다 더 소중한 것은 앞으로도 없을 것입니다. 저는 아버지께서 이 일을 잘못 처리한다고는 생각하지 않습니다. 하지만 다르게 생각하는 사람들도 있음을 염두에 두셔야 할 것입니다. 저는 당신의 아들로서, 사람들의 움직임과 비난을 주의 깊게 살피는 게 마땅한 도리라고 생각합니다.

테베의 백성들은 아버지와 눈만 마주쳐도 벌벌 떨기 때문에 대놓고 따지지를 못합니다. 하지만 그들이 뒤에서 뭐라고 쑥덕대는지 저는 다 압니다.

아버지, 지금 온 도시가 저 여인을 위해 눈물을 흘리고 있습니다. 그토록 숭고한 일을 하고도 비참한 죽음을 맞아야 한다면, 정말 불공평한 일이라고 말하면서 말입니다. 죽은 오빠를 맹수들의 밥이 되게 버려두지 않고 묻어준 것은 장한 일이라고까지 말합니다. 따라서 그녀가 받아야 할 것은 최고의 칭찬이지 벌이 아니라고 말합니다.

아버지, 저는 아버지께서 기쁜 마음으로 나라를 다스리고 신하들의 사랑을 받으며, 좋은 평판과 행운이 아버지와 함께하는 것을 지켜볼 수만 있다면 더 이상 바랄 게 없습니다.

그런데 지금 아버지께선 빛나는 이름을 서서히 잃고 계십니다. 부디 당신의 생각에만 휘둘리지 마십시오. 늘 자신만이 옳고 다른 사람들은 용기와 결단력이 모자란다고 생각하지 마십시오. 그런 사람들일수록 나중에 속이 빈 것으로 밝혀지는 일이 허다합니다.

현명한 지배자는 다른 사람에게서 배우는 것을 결코 부끄러워하지 않습니다. 누구나 때로는 자신을 굽힐 줄 알아야 합니다. 한겨울 세찬 바람과 물결에 가지를 굽히는 나무는 살아남지만 굽힐 줄 모르고 뻣뻣하게 서 있는 나무들은 뿌리째 뽑혀 버리는 것을 아버지께서도 잘 알고 계시지 않습니까?

물론 제기 아직 어리다는 것은 압니다. 하지만 때로는 저도 옳을 수 있습니다. 그러니까 이렇게 간절히 부탁드립니다. 아버지, 노여움을 거두시고 부디 마음을 바꾸어 주십시오. 이 세상에 모든 것을 다 아는 사람이 어디 있겠습니까? 우리는 모두 실수를 할 수 있는 인간이니까요. 그리고 인간은 귓가에 들려 오는 지혜로운 말을 새겨들을 줄 알아야 합니다. 그 말을 한 것이 누구든지 가리지 않고 말입니다."

그러자 원로들의 지도자가 덧붙였다.

"전하, 아드님의 말에 일리가 있다면 그것을 살펴 주십시오. 그리고 하이몬 님, 당신도 마찬가지입니다. 두 분의 말씀이 모두 옳으니까요."

"그래서 우리같이 수염이 허연 늙은이가 저런 애송이한테 배워야 한단 말이오?"

"옳지 않은 것은 버리시면 될 일입니다. 하지만 제가 어리다고 제가 드리는 말씀을 흘려듣지는 말아 주십시오."

"그래서 너는 지금 죄지은 사람을 떠받들자는 말이냐?"

"저는 그런 말씀을 드린 적이 없습니다."

"하지만 그 아이는 죄로 더럽혀지지 않았느냐?"

"아버지의 백성들은 그렇게 말하지 않고 있습니다."

"그렇다면 이제 그들이 우리에게 어떻게 하라는 것도 말해 주겠구나, 그러냐?"

"지금 아버지께서는 어린애처럼 굴고 계십니다. 이 도시는 아버지 혼자만의 것이 아닙니다. 모든 사람의 것입니다.

텅 빈 사막을 다스리는 사람이라면 자기를 도와주려는 사람의 말은 들어 보지도 않고 혼자서 결정을 내릴 수 있겠지요."

"그래서 너는 그 여자를 네 편으로 선택했다는 거냐, 엉?"

"제 편은 아버지이십니다. 그리고 저는 아버지가 여자라고 생각하지 않습니다."

"감히 나를 조롱하다니, 이 건방진 녀석!"

"만약 제가 그런 짓을 했다면, 그건 아버지의 부당한 처사 때문에 제 마음이 갈기갈기 찢어지기 때문입니다."

"왕권을 존중하는 것도 부당하다는 거냐?"

"그렇다고 신의 법을 우습게 보면 안 되지요."

"못난 녀석 같으니라고. 한낱 계집의 노예가 되다니!"

"지금 아버지께서 가시려는 길은 결코 옳은 길이 아닙니다. 그러니까 저도 절대로 머리를 숙일 수가 없는 것입니다."

둘을 함께 묻으라고 명령하다

"이 모든 것이 그 아이를 위한 것이냐?"

"그리고 아버지와 저, 저승의 신들을 위해서입니다."

"그러면 잘 들어라, 이 버릇없는 자식아. 나는 절대로 그 아이를 산 채로 네게 돌려주지 않을 것이다."

"그녀를 죽이시면 저도 죽겠습니다."

"감히 네가 나를 협박해?"

"제정신이 아닌 사람을 협박할 생각은 손톱만큼도 없습니다."

"올림포스에 대고 맹세하건대, 네 녀석을 절대로 용서하지 않으리라. 바로 네 눈앞에서 그 계집을 죽여 주마. 여봐라! 당장 가서 저 사악한 계집을 끌고 오너라!"

"제가 그걸 보고 있을 거라고 생각하십니까? 이제 아버지는 두 번 다시 제 얼굴을 못 보실 겁니다. 그렇게 되면 아버지께서도 아버지를 참아 주는 사람들 앞에서 펄펄 뛰는 일은 하지 않으시겠지요."

하이몬은 이 말을 남기고 울분을 터뜨리며 뛰쳐나갔다. 원로들의 지도자가 말했다.

"전하, 달려 나가는 그분의 눈빛이 예사롭지 않습니다. 제정신이 아닌 듯한데, 혹시 경솔한 일을 저지르시지나 않을까 두렵습니다."

"설사 저 아이가 무슨 짓을 한다 해도 저 두 계집을 구할 순 없을 것이오."

"그러면 두 아가씨를 모두 죽인단 말씀이십니까?"

"아니오, 나는 그렇게 분별없는 사람은 아니오. 그러나 시체를 묻어 준 계집은 땅속에 묻히게 될 것이오."

"어떻게 죽이실 작정입니까?"

"깊은 동굴에 가두고 음식은 죽지 않을 만큼만 줄 것이오. 그 애가 굶어 죽으면 우리 도시가 욕을 먹을 테니까 말이오. 거기 갇혀서 자기가 그렇게 떠받드는 하데스 신께 살려 달라고 빌어 보라지. 너무 늦긴 했지만 그때가 되면 그 애도 깨닫게 될 거요. 살아 있는 사람보다 죽은 사람을 더 받드는 게 아니라는 사실을 말이오."

이 말과 함께 크레온은 궁궐로 돌아가 버렸다. 그리고 원로들은 궁궐 밖에 남아서 안티고네와 하이몬의 사랑을 찬양하는 노래를 불렀다.

생매장된 안티고네

사랑이여, 너는 모든 것을 이겨 내고
사랑이여, 세상 모든 것이 너의 것이로구나.
너는 아가씨의 보드라운 볼 위에서 밤을 지새우고
바다 위를 달리고, 허름한 오두막에서도 산다네.

영원히 죽지 않는 신도, 언젠가는 죽어야 할 인간도
너에게서 결코 도망칠 수는 없다네.
네가 승리하는 그 순간,
헤어날 수 있는 사람은 아무도 없다네.
너는 선량한 사람도 죄를 짓게 하고
사람들 사이에 미움을 타오르게 하는구나.

그러나 아가씨에 대한
위대한 아프로디테의 사랑이 승리를 거두었고
모든 남자들은 자신의 목소리에 귀를 기울여야 할 것이다.

아, 슬프도다! 저기 아가씨가 끌려오는구나.
안티고네는 죽음을 향해 걸어가고 있구나.
그리고 우리는 금지된 눈물을 흘리네.
뺨을 타고 흐르는 따뜻하고 쓰디쓴 감촉이여.

아가씨가 외치는구나.

"내 조국의 시민들이여!
내가 밟고 가는 이 어두운 길은
나를 다시 태어나게 해 줄 거예요.
그러면 태양이여, 안녕!
할 일을 다하고 떠나는
나는 누구와도 결혼하지 않았으니
이제 하데스를 만나 그의 신부가 되리라."

"고결한 아가씨여, 영광스럽게 가는구려.
어떤 병도 그대의 볼에 드리워지지 않았고
무자비한 칼이 그대의 몸에 상처를 내지는 않았지만,
부모님의 죄를 갚기 위해
죽음의 오솔길로 내려갈 때
그대는 참기 힘든 고통을 당할 것이오."

"내 형제들의 불행한 운명이여!
사랑하는 아버지, 그리도 죄 많은 결혼에서
나를 낳으신 어머니.

이제 저는 당신들께 가려고 합니다.
죽은 뒤에 내 편이 되어 달라 청하신 오라버니,
이렇게 서둘러 나는 사랑하는 분들께 가려 합니다.
보세요, 크레온 님이 도착했어요!
나의 최후 또한 그와 함께."

크레온이 고함을 질렀다.
"애절하게 부르짖어 봤자, 변하는 건 아무것도 없느니라. 여봐라, 호위병! 어서 저 계집을 끌고 가거라. 그리고 내가 지시한 곳에 가두어라. 설령 저 계집이 거기서 죽는다 해도 우리의 잘못은 아니니라. 저 계집은 우리와 함께 여기서 살기엔 어울리지 않는 것뿐이니."

안티고네의 마음을 노래하는 원로들의 합창이 계속되었다.

"오, 무덤이여, 나의 신방이여,
사랑하는 사람들이 많은 그곳, 저승에 이르는 문이여,
땅속 깊은 곳에 있는 나의 집이여.

하지만 내 결혼을 축하하는 노래나
내 아이의 달콤한 울음소리를
한 번도 들어 보지 못했으니
찢어지는 마음으로 내려갑니다.
오빠의 시신을 돌보았다고
인간들은 저를 죄인이라 합니다.
제가 한 일이 죄가 된다면
저승의 재판관들께서 말씀하시겠지요.
그러나 만약 저들이 제게 부당하게 군 것이라 해도
저들이 저보다 더 큰 고통을 당하게 하지는 마소서!"

크레온이 고래고래 소리를 질렀다.
"무얼 꾸물대고 있느냐? 저 계집이 눈물로 사람들을 홀리기 전에 냉큼 끌고 가지 않고!"
이번에는 안티고네가 노래했다.

아! 내 운명이 나를 덮쳐 왔구나!
오, 조상님들의 신들이시여, 보세요!

그리고 테베의 원로들이시여,

자신의 핏줄에게 경의를 표했다고

공주인 내게 정해진 최후가 어떤 것인지를.

화가 나서 어쩔 줄 모르는 크레온이 다시 외쳤다.

"이제 그만해!"

그제야 호위병들이 안티고네를 붙잡았고, 원로들이 다시 한번 노래했다.

무덤 같은 청동 상자에 갇힌

불행한 여인 다나에의 운명도 그랬다네.

그녀는 한낮의 빛을 어둠과 바꾸었구나.

그녀의 배 속에 제우스의 아들이 자라고 있으니

아무리 고귀한 혈통을 타고났어도

빠져 나갈 수는 없도다.

그러나 운명의 여신의 힘은 그 무엇보다 강한 것.

돈도, 군대도, 키클로피아의 높디높은 성탑도, 무적의 함대들도 그 무엇으로도 그녀의 손아귀를 빠져나가지 못한다네.

새로운 재앙을 예언하는 테이레시아스

그때, 한 원로가 그들의 노래를 막으면서 말했다.

"그런데 저기 좀 보시오. 남자아이의 손을 잡고 오는 분은 모든 것을 알고 계시는 예언자 테이레시아스가 아니오?"

크레온도 어리둥절해서 말했다.

"테이레시아스여, 저희에게 뭔가 하실 말씀이라도 있습니까?"

테이레시아스가 대답했다.

"예, 이제부터 말씀드릴 테니 단단히 새겨들으셔야 합니다."

"나는 언제나 당신의 충고에 귀를 기울였고, 또 큰 도움을 받았습니다."

"크레온 님, 지금 당신은 날카로운 칼 위를 아슬아슬하게 걷고 계십니다."

"이거 불길한 소식이군요. 어서 설명해 주시지요."

"제가 알아차린 징조를 말씀드리면 이해가 되실 겁니다. 저는 새점(새의 울음소리를 듣고 앞날을 예언하는 점)을 치기 위해 새들의 울음소리를 들으려고 앉아 있었습니다.

그런데 그때, 마치 한 무리의 까마귀들이 발톱으로 뭔가를 사납게 찢는 것처럼 날카롭게 끽끽거리고 세차게 푸드덕거리는 소리가 들려왔습니다. 저는 걱정이 되어서 시중을 드는 아이에게 제단에 바친 제물에 불을 붙여 보라고 시켰습니다.

그런데 기이한 일이 일어났습니다. 불길은 타오르지 않고 대신 제물의 넓적다리뼈에서 기름이 흘러나왔던 겁니다. 그러더니 갑자기 터지듯 남은 살점들이 공중으로 이리저리 튀어 나갔습니다. 제물의 내장들은 흩어지고 고기는 위쪽으로 돌돌 말려 버려 아래로는 앙상한 뼈가 드러났습니다.

그제야 저는 그런 징조가 이미 온 도시에 퍼져 되풀이되고 있다는 사실을 알아차렸습니다. 도시의 화덕과 제단은 독수리 떼와 개 떼가 뜯어낸 오이디푸스의 불행한 아들의 살들로 더럽혀졌습니다. 신들께서는 더 이상 우리의 기도도 제물도 받지 않으시는 겁니다. 제단에는 불길이 타오르는 대신 연기만 피어 오를 것입니다. 그리고 새들은 제가 알아들을 수 없는 소리만 낼 것입니다.

이유는 간단합니다. 그들이 땅속에 묻어 주지 않은 사람의 살과 피를 맛보았기 때문이지요. 이제 당신께서 결단을 내리실 때입니다. 인간이니까 누구나 실수를 할 수 있습니다. 그렇더라도 너무 늦기 전에 바로잡아야 합니다. 고집만 부리시면 아무것도 해결되지 않습니다. 그러니까 더 이상 죽은 자를 괴롭히지 마십시오."

"노인이여, 당신들 예언자들은 마치 궁사처럼 나를 과녁으로 골랐소. 당신들이 나를 향해 무기를 던진 것이 이번이 처음은 아니오. 나는 당신과 당신 같은 무리를 잘 알고 있소.

한마디로 당신들은 장사꾼에 지나지 않소! 금이 많이 나는 사르데이스에서 가져온 은금(금과 은을 7:3 비율로 섞은 것)이든, 인도에서 가져온 금이든, 당신네 돈궤에 돈만 들어온다면 무엇이든 이리로 가져와 팔 테지.

그러나 무슨 짓을 한다 해도 그자를 땅에 묻지는 못할 것이오. 오! 나는 전지전능한 제우스의 독수리들이 그자의 살점을 올림포스로 가져간다 해도, 또 그들이 그 살점으로 신의 왕좌를 더럽힌다 해도 상관하지 않을 것이오. 신들께서는 한낱 그런 것으로 더럽혀지지 않는다는 것을 알기 때문이오.

테이레시아스여, 나도 해 주고 싶은 말이 있소. 사악한 자가 자신의 주머니를 채우기 위해, 번지르르한 말로 아무리 자신의 간사함을 가리려고 해도 결국 끝은 나쁜 법이오."

"크레온 님, 제가 드릴 말씀은 이것뿐입니다. 그런데 당신은 우리가 가진 것 중 가장 소중한 재산이 뭔 줄 아십니까?"

"당신은 여기에서 가장 지혜로운 사람이오. 그런데 그런 걸 왜 내게 묻는 거요?"

"가장 소중한 것은 바로 분별력입니다, 전하."

"그리고 어리석음은 인간의 가장 쓸데없는 특성이지요."

"그렇지요. 그런데 불행히도 당신께선 그것을 남들보다 더 가지고 계신 듯합니다."

"당신이 예언자만 아니었더라면 당장에 마구 욕을 퍼부

어 주었을 텐데."

"이미 그렇게 하지 않으셨습니까?"

"그러기를 잘했지. 당신네 점쟁이들은 모두 돈이 되는 거래에는 열을 올리니까 말이오."

"맞습니다. 우리는 우리의 고귀한 지배자들이 하시는 것을 보고 따르니까요."

"당신이 지금 누구와 이야기하고 있는지는 잊지 마시오!"

"물론 한순간도 잊은 적이 없습니다. 또한 당신께서 제 덕택으로 이 도시를 구한 것도 잊지 않고 있습니다."

"그대는 현명한 예언자일지는 모르지만 여우같이 교활하오."

"계속 이런 식으로 나오시면 제가 말해서는 안 될 일까지 말하게 될지도 모릅니다."

"좋소, 전부 말하시오. 그러나 그걸로 무슨 이득을 챙길 거라는 기대는 버리는 게 좋을 거요."

"좋습니다. 말씀드리지요. 태양이 이 세상을 몇 번 돌기도 전에 당신은 당신과 가장 가까운 사람을 잃게 될 것입니다. 그건 당신이 심술궂게 고집을 부린 탓입니다.

당신은 살아 있는 사람을 무덤에 가두고, 저승 신에게 속한 죽은 자를 묻지 않고 내팽개쳐 두었습니다. 그것만으로도 죄를 받을 일인데 나아가 신께 도전하는 불경스러운 죄를 저질렀습니다. 올림포스의 신들조차 그럴 권리가 없는데, 하물며 미천한 인간인 당신이 그런 일을 하다니요!

이제 에리니에스를 맞이할 각오를 하십시오. 당신이 다른 사람을 불행 속에 빠뜨린 것처럼, 그들이 당신에게 불행을 잔뜩 가져다주실 것입니다. 제가 돈을 받고 이런 말을 한다고 생각하시거든 샅샅이 조사해 보십시오.

크레온 님, 댁에서 슬픈 통곡 소리가 들려올 시간이 얼마 남지 않았습니다. 이것이 모두 죽은 자에 대한 의무를 들개들과 맹수들, 독수리 떼에게 치르게 한 탓입니다.

화살이라고 하셨지요, 아마? 저는 이제 제 화살통에 들어 있던 화살을 전부 다 쏘았습니다. 하지만 신들의 화살통에는 아직도 화살이 남아 있습니다.

위대한 크레온 님, 마음을 많이 다치셨겠지요. 하지만

이제 당신이 빠져나갈 구멍은 어디에도 없습니다.

　애야, 이리 오너라. 이제 나를 집으로 데려가 다오. 이분께서는 젊은 사람들 때문에 피눈물을 흘리실 것이니라. 그래도 결국에는 자기 자신을 다스리는 것과 분별력이 얼마나 중요한 것인지 배우게 되실 것이니라. 비록 엄청난 대가를 치른 뒤이긴 하지만 말이다."

너무 늦게 실수를 깨닫는 크레온

"전하, 예언자는 가셨습니다. 하지만 저희는 그분이 하신 말씀 때문에 무척 두렵습니다. 저는 이 머리가 허옇게 변할 때까지 살아오는 동안, 그분이 거짓말하는 것을 한 번도 본 적이 없습니다."

"나도 잘 알고 있소. 그래서 머리가 다 지끈거리는구려. 모든 것을 돌이키기엔 내가 너무 멀리 왔나 보오. 나는 무언가 엄청난 재앙이 나를 비참하게 만들어 버릴까 너무나 두렵소."

"크레온 님이여, 지금이야말로 신중하게 생각하실 때입니다."

"내가 어찌해야 할지를 말해 주시오. 나는 그대들의 충고에 따르겠소."

"우선 안티고네 아가씨를 가두라고 하신 동굴로 가서서 아가씨를 풀어 드리고, 그런 뒤 불행한 저 시체도 제대로 묻어 주셔야 할 듯싶습니다."

"그렇다면 내가 내 말을 뒤집는 것이 옳다는 말이오?"

"그렇습니다. 그것도 제우스 신의 분노가 당신께 떨어지기 전에 말입니다."

"아, 다른 길은 없는 것 같구려. 그대들이 말한 대로 해야겠지."

"되도록 빨리 그리하십시오. 날쌘 에리니에스들의 발에는 날개가 달려 있으니까요."

"아, 내가 내 결정을 스스로 뒤집어야 하다니! 하지만 형편이 이러니 어쩔 수 없지."

"서두르십시오, 전하. 그리고 직접 가십시오. 다른 사람들에게 맡기지 마시고."

"여봐라! 곡괭이를 가지고 동굴까지 나를 따르거라. 그 아이를 가둔 것이 바로 나이니 내 손으로 풀어 주겠다. 그것이 내 의무이다. 나는 내가 신들의 법을 경건하게 떠받든다는 것을 보여 주어야 하느니라."

크레온은 부하들을 끌고 나갔다. 이어 원로들의 합창 소리가 울려 퍼졌다.

오, 전능한 제우스의 아들이여,
카드모스 딸의 고통이여,
라코스, 바코스, 디오니소스.
그 많은 이름 가운데
신들이나 인간들이 뭐라고 부르든,
엘레우시스를 다스리며
이탈리아를 지켜 주시는
이름 높은 수호신이시여.
당신은 테베의 큰 자랑거리,
춤추며 당신의 여신도들을 끌고 오는 당신은
테베의 신이고, 주인이십니다.

이스메노스의 물가,

카스탈리아샘 물가,

파르나소스산의 쌍둥이 바위 봉우리 아래,

용의 이빨이 흩어졌던

테베의 벌판에 계시는 신이시여,

저희들은 우리의 신, 당신께 엎드려

조심스레 애원합니다.

오, 바코스 디오니소스여,

지금은 악의 수렁에서 고통받고 있는

당신의 도시, 영광된 도시 테베를

부디 도와주소서.

우리들의 주인님, 지체 말고 오십시오.

오셔서 저희들을 구해 주소서.

마침내 비극이 끝나다

그때, 심상치 않은 얼굴로 달려 들어온 사람 때문에 원로들은 노래를 그쳤다.

"카드모스의 후손이며 유명한 암피온의 자식들인 여러

분이시여, 제 말을 좀 들어 보십시오. 우리 인간들의 세상에서 확실한 것은 아무것도 없나 봅니다. 운은 제 맘대로 우리를 다스립니다. 인간은 한순간 높이 치켜 올라갔다가도 바로 다음 순간 불행의 구렁텅이로 던져지고 맙니다.

부와 명예, 행복한 가정과 아이들까지 이 세상의 행복이란 행복은 모조리 가졌던 크레온 님의 운명이 이렇게 될 줄 누가 짐작이나 했겠습니까? 사람이 기쁨을 주는 것을 잃는다면 산송장보다 나은 게 없을 것입니다. 이 세상 모든 부와 권력을 준다 해도, 저는 제가 가진 행복과 맞바꾸진 않을 것입니다."

"웬 서론이 그리도 긴가? 무언가 나쁜 일이 또 생겼을까 두렵구나. 여봐라, 어서 말해 보아라. 왕께 무슨 비극이 닥친 게냐?"

"그분의 집에 죽음이 찾아왔습니다."

"누가? 어떻게 죽었는가? 우리를 조마조마하게 하지 말라."

"하이몬 님께서 스스로 목숨을 끊으셨습니다."

"뭐라고? 자세히 말해 보게."

"안티고네 아가씨께서 죽자 견딜 수가 없었나 봅니다."

"오, 예언자여. 당신이 말씀하신 그대롭니다. 저기 왕비 에우리디케 님이 오십니다. 아드님 일을 들으셨을까요?"

에우리디케가 말했다.

"불행한 테베의 시민 여러분, 나는 무시무시한 소식을 듣고 놀란 나머지 정신을 잃고 하녀들의 팔에 쓰러졌답니다. 하지만 불행은 내게 낯선 손님이 아니에요. 이 슬픈 이야기를 처음부터 끝까지 들으려고, 온몸의 용기를 끌어모아 간신히 여기에 왔답니다."

"왕비마마, 그러면 제가 그곳에 있었으니까 아무것도 숨기지 않고 말씀드리겠습니다. 저는 크레온 님을 모시고 폴리네이케스의 시체가 있는 벌판으로 갔습니다. 그곳에 닿자마자, 우리는 하데스 신과 길과 길이 만나는 곳에 나타나시는 길의 여신 헤카테께 기도를 드렸습니다.

죽은 자를 묻어 주지 않고 개 떼에 뜯기게 한 것에 대해 노여움을 풀어 주십사 하고 말입니다. 그런 다음 우리는 깨끗한 물로 시신을 씻고, 갓 꺾은 나뭇가지를 쌓아 올려 시신을 태웠습니다. 그러고는 그 재 위에 고향 땅의 흙으로 무덤도 쌓아 올렸습니다.

 그러고 나서 우리는 안티고네 아가씨와 죽은 영혼을 실어 나르는 저승의 뱃사공 카론이 신방을 차린 동굴로 떠났습니다. 우리가 동굴 근처에 이르렀을 때, 동굴 밖을 지키던 한 병사가 달려왔습니다. 그는 동굴 안에서 날카로운 비명 소리가 들려왔다고 말했습니다.

 크레온 님께선 불안에 휩싸여 걸음을 재촉하셨습니다. 그런데 동굴로 다가갈수록, 동굴 깊은 곳에서부터 알아들을 수 없는 말과 슬픈 울부짖음이 뒤섞인 듯한 소리가 크게 울려왔습니다. 갑자기 크레온 님께서 큰 소리로 신음 소리를 뱉어 내셨습니다. 그리고 몹시 괴로운 듯 가슴을 치기 시작하셨습니다.

 '저건 내 아들의 목소리야! 여봐라, 어서 가자. 바위 틈까지 속속들이 뒤져 보아라. 정말로 하이몬이 거기에 있는 것인지, 아니면 신들이 나를 속이시는 것인지 알아보아라.' 하고 소리치셨습니다.

 동굴에 다다르고 보니, 입구를 막아 놓은 바위가 한쪽으로 치워져 있었습니다. 그리고 그 속에는 차마 입으로 담기 힘들 정도로 무시무시한 광경이 벌어져 있었습니다. 안티고네 아가씨가 베일을 길게 찢어 만든 올가미에 목을 매어 대롱대롱 매달려 계신 게 아니겠습니까?

하이몬 왕자님께서는 아가씨의 허리를 끌어안고 통곡하고 계셨습니다. 이렇게 끔찍하게 아가씨를 죽인 전하에게 저주의 말을 퍼부으면서 말입니다. 크레온 님은 왕자님을 보고 고함을 치셨습니다.

'여기서 대체 무얼 하는 거냐? 이 가엾은 녀석아, 어서 썩 나와라! 제발 어리석은 짓은 그만하고. 아비가 이렇게 무릎 꿇고 빌 테니!'

그런데도 하이몬 왕자님은 아무런 대꾸 없이 그저 크레온 님의 얼굴만 노려보고 서 계셨습니다. 그러다가 갑자기 아버님의 얼굴에 침을 뱉고는 칼을 뽑아 드셨습니다. 그러고선 곧장 크레온 님을 향해 달려들었습니다. 다행히 크레온 님께선 한쪽으로 몸을 날려 칼날을 피하실 수 있었습니다.

그렇지만 바로 그때 하이몬 왕자님은 있는 힘을 다해 자신의 갈비뼈 사이에 칼을 찔러 넣고 말았습니다. 의식이 남아 있는 동안 불쌍한 왕자님은 아가씨를 끌어안고 그녀의 흔들리는 몸에 기대어 서 계셨습니다. 마침내 마지막 힘을 다해 아가씨를 붙잡고 있던 손에서 힘이 빠졌는지, 왕자님은 허공에 떠 있는 아가씨의 발아래로 쓰러지고 말았습니다. 이렇게 해서 안티고네 아가씨와 하이몬 왕자님께선 저승에 신방을 차리고 결혼하시게 된 것입니다."

에우리디케 왕비는 이 소름 끼치는 이야기를 잠자코 듣고만 있다가, 이야기가 끝나자마자 아주 조용히 궁궐로 들어가 버렸다.

뜻밖의 침묵에 원로들은 몹시 놀랐다. 그리고 원로들의 지도자가 말했다.

"왕비께서 저렇게 조용하시다니 어떻게 받아들여야 할지 알 수가 없군. 하지만 왠지 더 끔찍한 일이 벌어지리라는 예감이 드는군."

하이몬의 죽음을 자세히 전해 준 병사도 말했다.

"저도 이해할 수가 없습니다. 혹시 사람들 앞에서 자식 잃은 슬픔을 보이기가 싫으셔서 혼자서 마음 놓고 우시려는 게 아닐까요? 어쨌든 저는 왕비께서 분별없는 행동은 하지 않으시리라 믿습니다. 그분은 어리석은 분이 아니니까요."

"마치 단단한 돌처럼 조용하시니 야단스러운 통곡보다 오히려 더 걱정스럽구려. 그런데 저기 왕께서 오십니다. 두 눈 가득히 괴로운 빛이 역력하십니다. 이런 말을 해도 될지 모르지만, 이 재앙은 순전히 왕께서 스스로 만드신 것이오."

크레온이 다가와 소리쳤다.

"아, 맙소사! 내 죄가 너무나 깊구나. 내 손은 나 자신의 피로 얼룩졌다. 아, 가엾은 내 아들, 내 고집이 너를 죽이고야 말았구나! 내 자랑거리이자 기쁨이었던 내 사랑스러운 아들아, 한창나이에 그렇게 가 버리다니!"

"불행하신 분이여, 올바른 길을 깨닫는 데 왜 그리 오래 걸리셨습니까?"

"어떤 신이 내 행복을 질투하시어 내 이성을 흐리게 하고 경솔한 짓을 하도록 내몰았다오. 아, 참기 힘든 인간의 고통이여!"

그런데 그때 궁궐에서 달려 나온 호위병이 외쳤다.

"왕이시여, 슬퍼하실 일이 또 있습니다!"

"안 된다! 이제 더는 안 돼, 제발! 나의 집에는 이미 몸서리쳐지는 일이 넘치고 있단 말이다."

"왕비마마께서 목숨을 끊으셨습니다."

"오, 아니야! 절대로 그럴 리 없어! 제우스 신이시여, 대체 저에게 왜 이러십니까?"

"왕비마마께서 하이몬 왕자님의 죽음을 견디기 힘드셨기 때문인 듯합니다."

"아, 하데스 신이여, 제 마음을 이리도 찢어 놓다니! 이미 죽은 자를 또 죽이려 하십니까? 아마도 내가 잘못 들었기를! 지금 뭐라고 했느냐? 그게 사실이냐?"

"직접 보십시오. 저기 왕비님의 시신을 모셔오고 있습니다."

"정말 한 번 떨어진 불행은 끈질기고 단단하게도 들러붙는구나. 도저히 참아 내기가 힘들구려. 이제 막, 내 두 팔에 죽은 아들을 안았소. 그런데 이제 가엾은 아내의 시신을 봐야 하다니! 아, 부인, 당신이 어찌 죽을 수가 있소?"

"아드님을 죽인 살인자이며 집안에 비극을 끌어들이셨다면서 크레온 님을 원망하시더니 날카로운 칼을 집어 들어 스스로 찌르셨습니다."

"아, 그녀의 말이 옳소. 신과 인간들 중에 오직 나만이 죄인이오. 내가 비난할 수 있는 사람은 아무도 없소. 내가 널 죽였구나, 아들아. 또 장한 아가씨도 그리고 네 어미까지도! 난 얼마나 형편없는 존재란 말이냐. 나를 내쫓아 다오. 이제 이 크레온은 모든 것을 잃었으니."

원로들의 지도자가 말했다.

"재앙을 피할 수만 있다면 떠나는 것이 당신께 남은 유일한 길일 것입니다. 당신께서 스스로 판 무덤들을 보면서 사는 것은 훨씬 고통스러우실 테니까요."

"나는 이제 더 살고 싶지 않다네. 내 인생이 누구보다도 비참하게 끝나기를! 내 눈은 다시는 한낮의 태양을 쳐다볼 수 없을 것이오. 어리석은 나를 데리고 가 다오. 나는 무슨 짓을 했던가? 아무것도 모르고 날뛰다가 이 손으로 사랑했던 사람들을 죽이고, 결국에는 세상에서 가장 불행한 인간이 돼 버렸구나."

원로들이 함께 외쳤다.

오, 지혜여!
너만이 행복을 가져다줄 수 있다네.
신들의 불문율은 거역할 수 없는 법.
신들은 우리에게 경건함을 요구하시네.

아, 어리석음이여!
고집과 불경스러운 말들로
너는 치유할 수 없는 깊은 상처를 남기는구나.
죄의 대가를 치르며 고통 속에서,
인간은 지혜를 배운다네.
그러나 때는 이미 너무 늦었다네.

에피고오니

시체를 묻어 주는 것은 신성한 의무

지혜의 여신 아테나의 사제는 아크로폴리스 기슭에서 쟁기로 밭을 갈면서 늘 이런 말들을 했다.

"목을 축이거나 언 몸을 녹이기를 청하는 낯선 사람을 내치지 말라."

"올바른 길이 아니면 가리키지도 말라."

"어떤 사람에게도 무덤을 거절하지 말라."

"쟁기를 끌고 있는 소는 죽이지 말라."

실제로 아주 오래전부터, 죽은 사람들에게는 관습대로

장례식을 치러 주었다. 애도하지도 않고 묻어 주지도 않은 채 시체를 버려두면, 그 영혼은 저승으로 내려가지 못하고 영원히 떠돌며 고통받는다고 믿었기 때문이다.

시시포스, 탄탈로스, 익시온 그리고 마흔아홉 명의 다나이스를 빼고 나면, 죽어서까지 벌을 받아야 하는 사람은 아무도 없었다. 그가 왕이었거나 평범한 병사였거나 적이었거나 친구였거나 올바른 사람이었거나 나쁜 사람이었거나 간에 땅 위에서 저지른 죄 때문에 저승에서 대가를 치르지는 않았다.

'죽은 자에게 평화를'이라는 말에 나타나 있듯이, 어두운 왕국에서는 그들 모두가 똑같은 영혼일 뿐이다. 그들에게 가장 중요한 것은, 죽은 자라면 당연히 받아야 할 의식을 받았느냐 하는 것이었다.

그래서 당시에는 어떤 전쟁에서든 전투가 끝날 때마다 휴전이 선포되었다. 양쪽 편 모두 죽은 병사들의 시체를 거두어 장례식을 치러야 했기 때문이었다.

에피고오니의 전쟁

그런데 미움이나 복수심이 너무 지나친 경우에는 정반대의 일이 벌어지기도 했다. 몇몇 시체를 놓고 새로운 싸움이 일어나기도 했던 것이다. 전투에서 전사한 병사의 동지들은 그의 시체를 거두어 묻어 주려고 했다. 그와는 반대로 그의 적들은 시체를 낚아채 그의 영혼이 영원히 떠돌도록 내버려 둠으로써 처절한 복수를 하고 싶어 했기 때문이었다.

안티고네가 자신을 희생해 가면서까지 죽은 오빠의 시체에 흙을 뿌린 것도, 크레온이 복수심에 불타 시체를 묻지 말라고 명령한 것도 바로 이 때문이었다.

결국 폴리네이케스의 무덤은 만들어졌다. 그렇지만 이미 성난 신들은 불행한 테베를 괴롭히기를 멈추지 않았다. 전사한 아르고스 사람들의 시체가 여전히 버려져 있었기 때문이었다.

이 처참한 소식은 아르고스에까지 전해졌다. 그래서 아르고스 사람들은 아르고스 병사들의 시체가 테베 벌판에 그대로 버려져 있다는 것을 알게 되었다.

그러자 온 나라에는 분노와 슬픔이 폭풍처럼 거세게 몰아쳤다. 그리하여 일곱 장군의 어머니와 아내들은 자식들을 데리고 아테네로 갔다. 테세우스 왕의 도움을 구하기 위해서였다.

테세우스는 그들의 말을 듣고 마음속 깊이 동정했다. 그러나 그 일을 어찌해야 좋을지 몰라 곰곰이 생각만 하고 있었다. 마침 그때, 크레온이 아르고스인의 아내와 어머니들을 도시에서 내쫓을 것을 요구하는 전갈을 보내왔다. 고집 센 크레온은 폴리네이케스를 새 먹이로 던져 준 뒤에 자신이 당한 불행을 어느새 잊었던 것이다.

테세우스는 테베 사람의 건방진 태도에 몹시 화가 나서 당장 테베로 진격하라는 명령을 내렸다. 테베 성문 밖에서 벌어진 전투에서 크레온의 군대는 크게 패했다. 테베의 병사들은 죽은 병사들을 아테네 사람들의 손에 남겨 두고 뒤로 물러나서 성벽으로 숨었다.

아르고스 병사들의 시체는 그때까지 아무런 의식도 받지 못한 채 벌판에 내동댕이쳐져 있었다. 승리한 아테네 군은 목표대로 아르고스인 시체들을 쌓아 놓고 엄청나게 큰불을 질렀다.

 앞선 전투에서 전사한 병사들의 시체를 태우기 위해서였다. 하지만 장군들의 시체는 가족들이 기다리는 곳에다 묻어 주려고 엘레우시스로 가져왔다.

 장군들의 시체를 장작더미에 올려놓았을 때 그 아들들이 앞으로 걸어 나왔다. 비록 어린아이들이었지만 그들은 똑똑히 보았던 것이다. 자신들의 아버지가 어떻게 들개와 까마귀 떼에게 씹히고 쪼였는지를. 그래서 그들은 엄숙하게 맹세했다.

 "우리는 반드시 이곳으로 돌아와 복수를 하고 철저히 테베를 파괴할 것입니다. 만약 그렇게 하지 않는다면 우리를 무덤에 묻어 주지 마시고 우리의 영혼이 영원히 고통 속을 헤매게 하소서."

 그날 이 어린아이들의 맹세는 저 불행한 도시, 테베에게는 또 하나의 나쁜 징조가 되었다.

 영웅들의 아내와 아이들은 무겁고도 처절한 심정으로 재를 들고 아르고스로 돌아왔다.

 그런데 그들 중 한 명은 돌아오지 못했다. 그녀는 바로 카파네우스의 아내 에바드네였다. 제우스의 손에 죽임을 당한 카파네우스의 시체는 신성하게 여겨졌다. 그래서 영광스러운 영웅에 걸맞는 대접으로 존경을 다해 따로 묻기로 했던 것이다.

장례용 장작더미에 불을 붙이자, 불길이 널름거리며 시체 위로 타오르기 시작했다. 그런데 바로 그때, 남편의 죽음을 참아 내기 어려웠던 에바드네는 불길 속으로 뛰어들었다. 결국 그녀는 자신의 남편과 함께 타 죽고 말았다.

그러나 장군들의 시체 중에는 당시 엘레우시스에서 존경받던 사람 가운데 가장 지혜로웠던 암피아라오스는 없었다. 테베 사람들이 그를 내리치려 했을 때 이미 빠져 나갔기 때문이었다.

제우스 신이 그를 위해 길을 열어 주었고, 위대한 예언자는 그의 전차를 타고 사라졌다. 나중에 아테네 사람들은 바로 그 자리에 예언과 치료를 위한 성소를 세웠다. 그곳에서 그들은 암피아라오스를 신처럼 떠받들었고 그 유적은 지금까지 남아 있다.

그러고선 10년이 흘렀다. 그날 아버지의 장례식에서 엄숙한 맹세를 했던 소년들은 이제 굳건한 청년으로 자라났다. 그들은 전쟁에 필요한 무예를 익혔고, 테베로 쳐들어갈 준비를 하고 있었다.

사람들은 이 젊은 지도자들을 '에피고오니'라고 불렀다. 그들은 10년 전, 첫 번째 원정대가 출발할 때보다 훨씬 많은 군대를 아르고스에 모았다. 그들은 폴리네이케스의 아들인 테르산드로스를 테베의 새 왕으로 앉힐 계획을 세웠다.

그들 중 가장 돋보이는 사람은 티데우스의 아들인 건장한 디오메데스와 그의 절친한 친구이자 카파네우스의 아들인 스테넬로스였다. 그다음으로 아드라스토스 왕의 아들 아이기알레우스가 있었다. 그 밖의 지도자들은 파르테노파이오스의 아들 프리마코스와 히포메돈의 아들인 폴리도로스, 암피아라오스의 아들인 알크마이온이었다.

그러나 암피아라오스는 제우스 신이 숨겨 주었으므로 개와 새들이 갈가리 찢어 놓지 않았다.

따라서 그의 아들 알크마이온은 소년들이 맹세할 때 함께 있지도 않았고, 전쟁에 참가하고 싶어 하지도 않았다.

그는 자신의 아버지가 테베로 떠나기 전에 자신에게 했던 말을 아직도 생생히 기억하고 있었다.

"아들아, 내 예언의 힘이 내게 말해 주는구나. 내가 이번 전투에 나가면 다시는 돌아오지 못한다고 말이다. 네가 자라 어른이 되면, 내 죽음에 대해 복수해야 한다. 그러나 그 죄는 테베 사람들에게 있는 게 아니라 네 어머니에게 있다. 네 어머니는 아프로디테 여신이 하르모니아에게 준, 영원히 젊음을 준다는 신비한 목걸이 때문에 나를 싸움터로 내몰았다. 그러니 그녀야말로 네가 복수해야 할 사람이다."

그러나 알크마이온의 어머니 에리필레의 죄는 여기서 그치지 않았다. 10년 전, 남편에게 했던 것처럼 이번에는 전쟁터로 나가라고 아들을 졸라 댔다. 교활한 테르산드로스가 이번에는 아테나 여신이 카드모스와 결혼하는 하르모니아에게 선물한 신기한 베일을 주겠다고 약속했기 때문이었다.

그리하여 이제 알크마이온은 어느 쪽 뜻을 따라야 할지 몰라 고민에 빠졌다. 마음 한구석에서는 아버지가 마지막으로 남긴 말이 귓전에서 맴도는가 하면, 또 한편으로는 어머니의 소원을 들어주어야 할 것 같았기 때문이다.

결국 알크마이온은 델포이의 신탁에게 어느 쪽을 따르는 것이 도리인지 물어보았다. 아폴론은 다음과 같이 대답했다.

"너는 양쪽 모두를 따라야 한다. 우선 네 어머니의 소원에 따라 아르고스 군대를 이끌고 떠나야 한다. 너만이 승리를 거둘 수 있기 때문이다. 그러나 너는 네 아버지의 명령도 지켜야 할 것이다. 네가 복수를 하지 않으면 네 아버지의 영혼은 영원히 괴로움을 당할 것이기 때문이다."

이런 대답을 듣고 알크마이온은 더 이상 망설일 이유가 없었다.

그는 아르고스 군대를 이끌고 테베로 쳐들어갔다. 아드라스토스는 이번 전쟁에도 참가했다.

군대는 곧 출발했다. 모든 징조가 다 좋았다. 신들도 에피고오니 편에 있었다. 그들이 쳐들어가고 있는 도시는 이제 곧 묵은 죗값을 치르게 될 것이었다.

무너지는 테베

테베에서는, 이번에는 에테오클레스의 아들 라오다마스가 지키고 있었다. 가장 먼저 성벽 밖에서 격렬하고 힘든 전투가 벌어졌다. 아드라스토스의 아들 아이기알레우스는 아르고스 군대의 응원을 받으며 앞장서서 돌격해 들어갔다. 그러자 테베군 대열에는 커다란 혼란이 일어났다.

그러나 그는 더 이상 앞으로 나갈 수가 없었다. 라오다마스가 직접 달려 나와 날카로운 창으로 아이기알레우스를 찔러 죽여 버렸던 것이다.

그러나 라오다마스도 승리를 맛볼 시간이 없었다. 바로 다음 순간 알크마이온의 칼에 죽음을 맞았기 때문이었다. 이제 테베 군은 사령관 없이 싸우고 있었고 그 빈자리는 너무나 컸다. 그들은 조금씩 뒤로 물러났고 결국 성안으로 피할 수밖에 없었다.

한편 아르고스군 진영에서는 아들이 죽었다는 소식을 들은 아드라스토스가 슬픔을 이기지 못해 죽고 말았다. 이 소식이 테베에 전해지자 테이레시아스는 소스라치게 놀랐다. 그가 점을 쳤을 때 첫 번째 공격에 참가했던 일곱 장군 중 마지막 사람이 죽으면, 테베가 함락될 것이라는 점괘가 나왔기 때문이었다.

그래서 테이레시아스는 시민들에게 그날 밤 안으로 도망쳐서 새로운 땅을 구하라고 충고했다. 그의 충고대로 테베 사람들은 아내와 자식들 그리고 몇 가지 짐만 챙겨 들고 어둠을 틈타 도시를 떠났다.

그리하여 자신들의 도시를 적들의 손에 내맡기고, 북쪽으로 북쪽으로 길고 힘든 여행을 시작했다.

다음 날 아침, 아르고스 사람들은 아무런 저항도 받지 않고 성문으로 들어갔다. 그들은 이글거리는 복수심 때문에 눈에 띄는 것은 모조리 훔치고 부수었다. 그리고 전리품을 마차에 잔뜩 싣고 아르고스로 돌아갔다.

테르산드로스만이 남아 있는 불쌍한 사람들을 다스리기 위해, 한때는 자랑스러웠던 도시였으며 일곱 개의 성문을 가진 테베에 머물렀다.

아르고스군에게 붙잡힌 몇 안 되는 포로 가운데는 위대한 예언자 테이레시아스의 딸 만토가 있었다.

아르고스 사람들은 위대한 예언자에 대한 존경의 뜻으로, 그녀를 노예로 삼지 않고 아폴론에게 바쳤다. 그래서 만토는 델포이의 신탁에서 사제가 되었다.

만토는 인생을 사는 데 도움이 되지만 또 한편으론 해가 되기도 하는, 양쪽 칼날을 지닌 예언으로 사람들의 미래를 말해 주었다.

예언자 테이레시아스 역시 다른 사람들과 함께 도시를 떠났다.

그러나 너무나 지쳐서 잠시 목을 축이려고 텔푸사샘에서 걸음을 멈추었다. 그러고는 다시는 일어나지 못하고 바로 그곳에서 세상을 떠났다.

그러자 자신의 할아버지 대부터 줄곧 자신들을 도와주었던 예언자를 잃은 테베 사람들은 너 나 할 것 없이 모두들 눈물을 흘렸다. 그리고 샘물가에 그를 묻고 다시 멀고 먼 길을 떠나야 했다.

그들 중 어떤 사람은 북에우보이아에 이르러 새로운 도시 이스티아이아를 세웠다. 또 북서쪽으로 간 사람들은 일리리아로 숨어들었다. 일리리아는 테베를 세운 카드모스와 하르모니아가 한때 몸을 숨겼던 곳이었다.

그 뒤로는 그들의 아들 일리리오스가 그곳을 지배하고 있었다. 그러나 많은 테베 사람들은 자신이 태어난 도시로 돌아갔다.

어머니를 죽인 알크마이온

한편 아르고스에서는 알크마이온이 고약한 처지에 놓여 있었다. 그는 어머니에게 복수해야 할 운명이었다. 하지만 자신의 어머니에게 감히 어떻게 그런 짓을 할 수 있겠는가? 비록 에리필레의 허영심 때문에 자신의 아버지가 목숨을 잃었고, 자신도 위험한 곳으로 내몰렸다 하더라도 말이다.

알크마이온은 어머니를 죽여야 한다는 생각 때문에 너무나 괴로워했다. 그리고 그는 그런 짓을 하고 나면 앞으로 한순간도 마음 편할 날이 없을 것임을 잘 알고 있었다. 그렇지만 그에게는 선택의 여지가 없었다. 그것은 아버지의 소원일 뿐만 아니라 아폴론 신의 어길 수 없는 명령이기도 했던 것이다.

알크마이온은 하는 수 없이 자신의 어머니를 죽였다. 그리고 자신이 두려워하던 벌을 받았다. 그는 에리니에스에게 쫓기게 되었고, 자신의 아내 아르시노에에게서 버림을 받았다. 그리고 집도 없이 떠도는 처량한 신세가 되었다.

알크마이온이 나타나기만 하면 사람들은 모두 문을 닫아걸었다. 어머니의 피로 손을 더럽힌 사람을 누가 도와주겠는가? 그러다가 그는 이 고통이 언제쯤 끝나는지 알아보려고 델포이의 신탁으로 갔다. 신의 대답은 이랬다.

"네 죄가 아직 알려지지 않은 곳으로 가면 구원받으리라."

하지만 그런 땅이 어디에 있단 말인가? 그는 힘차게 흐르는 아켈로오스강에 이를 때까지 계속해서 터벅터벅 걸어갔다.

몸은 지칠 대로 지치고, 누더기를 걸친 데다 굶주린 알크마이온은 강가에 무릎을 꿇고 앉았다. 그리고 강의 신에게 자신의 이야기를 모두 털어놓았다.

강의 신은 알크마이온의 처지를 딱하게 여겨 물에서 솟

아 나와, 그의 어머니 에리필레의 핏자국을 씻어 내 주었다. 그리고 알크마이온에게 강어귀에 있는 섬으로 가서 살라고 말해 주었다. 그 섬은 강물이 실어다 나른 모래가 쌓여 바로 얼마 전에 생긴 섬이었다.

"그 섬이라면 누구도 너를 내쫓지 못할 것이다. 또한 네 죄를 아는 사람도 없을 것이다. 네가 죄를 지었을 때 그 섬은 생기지도 않았으니 말이다."

드디어 알크마이온은 안전한 곳을 찾았다. 그리고 그곳에서 아켈로오스의 딸인 강의 요정 칼리로에와 결혼했다. 이제 고생이 모두 끝났다고 생각한 알크마이온은 자신의 마음에서 털어 내 버리려고, 아내에게 그동안에 있었던 일을 모두 말해 주었다.

그러나 신비한 힘을 가진 하르모니아의 베일과 목걸이 이야기를 들은 칼리로에는 자신도 영원한 젊음을 갖고 싶다며, 알크마이온에게 그것들을 가져다달라고 졸라 대기 시작했다.

알크마이온은 부들부들 떨며 고함을 질렀다.

"그 선물들은 재앙을 가져올 뿐이오! 하나는 내 아버지를 죽게 했고, 이 손으로 내 어머니를 죽이게 만들었소. 또 하나는 나를 죽일 뻔했소. 그것들 때문에 이때까지 나는 마음 편할 날이 하루도 없었단 말이오."

그러나 칼리로에는 쉽게 단념하는 여자가 아니었다.

"나를 진심으로 사랑한다면 당연히 갖다주시겠죠."

그녀는 차갑게 되쏘았다. 그녀가 얼마나 끈질겼던지 알크마이온의 마음도 약해시고 말았다. 그리고 마지못해 그녀의 뜻대로 하기로 결심했다. 그때까지도 베일과 목걸이는 아내였던 아르시노에의 손에 있었다.

아르시노에는 알크마이온이 어머니를 죽인 그날 이후로 그에게 지독한 미움을 품고 있었다. 그렇지만 알크마이온은 그녀를 간신히 설득할 수 있었다. 하지만 아르시노에는 무서운 얼굴로 그에게 경고했다.

"좋아요, 그것들을 내주겠어요. 하지만 당신은 그보다 훨씬 더 비싼 대가를 치를 거예요!"

"알겠소."

그러나 그때 알크마이온은 자신이 얼마나 비싼 대가를 치르게 될지는 짐작조차 못 했다. 그는 선물을 가지고 떠났다. 그러나 칼리로에는 그 선물을 받지 못했다. 알크마이온이 집에 도착하자 아르시노에의 남동생들이 기다리고 있었다. 그들은 한마디 말도 없이 칼을 빼 들어 그를 찔렀다. 불행한 암피아라오스의 아들은 결국 그렇게 죽음을 맞이했던 것이다.

그는 에피고오니를 승리로 이끌었다. 그러나 신들은 그에게 잔인한 운명만을 마련해 주었다. 그의 친구 중에서 디오메데스는 트로이 전쟁에서 큰 공을 세웠다. 그리고 다른 많은 사람들도 이름을 떨쳤다.

하지만 테베와 트로이를 쳤던 이 두 전쟁으로 인해 역사 속의 한 시대가 막을 내리게 된다. 헤시오도스의 말을 빌리자면, 영웅들의 시대로 유명한 '인류의 네 번째 세대'가 이제 막 끝난 것이다.

헤라클레스의 후손들

사실 신화의 시대를 끝맺기 전에 할 이야기가 한 가지 더 남아 있다. 그것은 영웅 헤라클레스의 후손인 '에피고오니 혹은 헤라클리드라고 불리는 사람들'에 대한 두 번째 이야기이다.

그들의 전설적인 귀향을 끝으로 그리스 신화는 화려한 막을 내린다.

이 이야기의 시작은 헤라클레스가 죽은 직후까지 거슬러 올라간다. 그 당시 미케네의 왕은 헤라클레스를 괴롭혔던, 우쭐대기 좋아하고 겁 많은 에우리스테우스였다.

헤라클레스의 아들 힐로스는 티린스라는 도시 근처에서 알크메네를 모시고 여러 형제들과 함께 살고 있었다. 에우리스테우스는 헤라클레스를 무서워했던 것과 마찬가지로 이들도 무서워했다.

그는 혼잣말을 했다.

"헤라클레스의 자식들이 자라 어른이 되면, 반드시 그들은 복수하려고 할 거야."

그래서 그는 그들을 자신의 왕국 국경 너머로 내쫓아 버리기로 마음먹었다.

그뿐만이 아니었다. 그는 헤라클레스의 아들들이 다른 도시에도 많이 있다는 것을 알고 있었다. 그들이 힘을 합친다면, 자신의 왕국과 목숨을 빼앗는 일은 시간문제인 것처럼 보였다. 그래서 에우리스테우스는 그리스의 다른 왕들에게 자신과 마찬가지로 그들을 내쫓으라고 요구했다.

그 당시 미케네의 왕이라면 왕 중의 왕이었고, 아테네의 테세우스를 제외하고선 그의 명령을 어길 수 있는 왕은 하나도 없었다.

테세우스는 헤라클레스의 아들들을 반갑게 맞아 주었고 마라톤 근처에 집을 마련해 주었다.

이렇게 되자 사정은 에우리스테우스의 바람과는 정반대가 되었다. 헤라클리드들은 그리스 국경 밖으로 쫓겨나기는 했지만 모두 한곳에 모이게 된 셈이었다.

그때부터 에우리스테우스는 두 발 뻗고 편히 잠들 수가 없었다. 그 아이들이 자라날수록 그의 불안도 커져 갔다. 결국 그는 이 문제를 해결할 방법은 전쟁뿐이라는 결론을 내렸다.

이제 아테네의 왕은 테세우스의 아들 데모폰이었다. 그 역시 헤라클리드들을 도와주기로 결정했다. 헤라클리드들은 무기력하지 않았고, 특히 그들의 우두머리인 힐로스는 겁 없는 젊은이였다. 그리고 헤라클레스의 조카인 롤라우스는 이 젊은이들에게 강한 병사를 보내 도움을 주었다.

롤라우스는 에우리스테우스가 헤라클레스를 파멸시키려고 했을 때 자주 헤라클레스를 도와주었다. 지금은 나이가 지긋하게 들었지만 그의 목적은 단 한 가지, 복수였다.

그러나 헤라클리드들은 큰 어려움에 부닥쳤다. 신탁은 그들에게 승리를 약속했지만, 먼저 전투가 시작되기 전에 헤라클레스의 자식 중 한 명을 제물로 바치라는 것이었다. 젊은이들은 제비를 뽑기로 했다.

그런데 그때 헤라클레스의 어린 딸, 마카리아가 앞으로 나와 오빠들을 구하기 위해서라면 자신의 젊음을 기꺼이 내놓겠다고 말했다.

그렇게 해서 헤라클리드들은 아테네 사람들의 도움을 받아 큰 승리를 거둘 수 있었다.

에우리스테우스의 군대는 도망치기 바빴고, 겁쟁이 에우리스테스도 당황해서 어쩔 줄을 모르고 미친 듯이 말에게 채찍질을 해 전차를 몰고 달아났다. 그 모습을 바라보면서 롤라우스는 에우리스테우스 때문에 헤라클레스가 겪었던 모든 고통과 위험을 떠올렸다. 그는 위대한 제우스에게 그때의 젊음과 힘을 되돌려 달라고 기도했다.

제우스는 그의 부탁을 들어주었다. 롤라우스의 늙고 구부정한 몸은 갑자기 꼿꼿하게 펴지더니, 전차를 타고 달리던 한창때처럼 건강한 빛을 띠었다. 헤라클레스를 도와 어려운 과제를 풀었던 그때처럼 잘생기고 힘센 청년으로 되돌아간 것이다.

그는 전속력으로 달려 나가 눈 깜짝할 사이에 에우리스테우스를 따라잡았다. 그러고는 햇볕에 그을린 근육질의 팔을 들어 올려 놀라운 힘으로 창을 내던졌다. 그 창은 에우리스테우스를 전차 밖으로 튕겨 냈고, 몸을 꿰뚫어 땅바닥에 꽂아 버렸다. 바로 이것이 살아 있을 때 늘 그랬던 것처럼, 두려움에 떨면서 맞이한 미케네 왕의 최후였다.

헤라클레스와 그의 자식들에게 큰 죄를 짓기는 했지만 에우리스테우스의 시체는 버려지지 않았다.

승리자들은 마라톤과 아테네 한가운데 있는 팔리니에

그를 묻고 무덤을 만들어 주었다.

고향으로 돌아가고픈 헤라클리드들

헤라클리드들은 이제 그들을 환영해 주는 테베로 가서 살았다. 그러나 그들은 곧 향수병에 걸렸다. 그리고 그들은 더 이상 남의 친절에 의지해서 살지 않아도 될 만큼 힘이 생겼다고 자신했다. 그래서 그리스에서 자기 땅이라고 할 수 있는 펠로폰네소스로 돌아가기로 결정했다.

그들은 힐로스의 뒤를 따라 이스트마스를 가로질러 아르고스 군대를 무찔렀다.

그러나 때마침 전염병과 굶주림이 온 나라를 휩쓸었다. 헤라클리드들은 절망했다. 그들은 델포이에 있는 신탁에 가서 이 불행이 누구 탓인지 물었다.

사제의 대답은 "세 번째 수확을 기다려야 한다."는 것이었다. 세 번째 '수확'의 의미를 세 번째 되는 '해'라고 받아들인 그들은 다시 한번 마라톤까지 물러났다.

이스트마스에서 그들을 맞아 준 것은 새로운 미케네의 왕 아트레우스가 이끄는 또 다른 아르고스 군대였다. 사정은 다시 헤라클리드들에게 불리하게 돌아갔다.

양쪽 군대가 충돌했을 때, 필요 없이 너무 많은 사람들이 죽어 가는 것을 피하고 싶었던 힐로스가 앞으로 나서서 외쳤다.

"여러분 가운데 가장 용감한 자와 일 대 일로 싸우고 싶소. 만약 그가 이긴다면 헤라클리드들은 이곳에서 물러나 앞으로 백 년 동안 이곳으로 절대 돌아오지 않을 것이오. 그러나 만약 내가 그를 죽이면 그대들은 우리에게 펠로폰네소스로 가는 길을 내주어야 하오."

그러자 겁 없는 에케모스가 앞으로 구르듯이 달려 나왔다. 그는 테게아의 왕이었으며 힘 있고 재빠른 솜씨로 창을 휘둘러, 이제까지 단 한 번도 전투에서 진 적이 없었다.

힐로스는 결코 겁쟁이가 아니었다. 하지만 기술과 힘에서 모두 밀려 잠시 뒤 에케모스의 발 앞에 쓰러져 죽고 말았다. 너무도 짧은 순간에 대장을 잃은 슬픔 때문에 멍해진 헤라클리드들은 침울한 심정으로 힐로스의 시체를 거두어 물러났다.

그들은 메가라에서 야영하며 힐로스의 장례식을 치렀

다. 그리고 어디로 갈 것인지를 의논했다. 그들에게는 마라톤으로 돌아가는 것밖에 달리 방법이 없었다. 그러나 아테네 사람들이 언제까지 그런 피난처를 제공해 줄 것인가?

그래서 그들은 곧 세 번째로 펠로폰네소스를 향해 행진했다. 그들은 또다시 실패했고 여전히 갈 곳이 없었다. 그들은 자신들의 처지가 하도 처량해서 폭포수 같은 눈물을 흘렸다. 자신들은 그리스를 통틀어 가장 위대했던 영웅의 아들과 손자들이 아닌가! 그런데도 이 넓은 그리스에서 어느 한구석도 자신들의 땅이라고 할 수 없다니!

마침내 그들은 도리스(도리아)를 생각해 냈다. 도리스에는 예전에 헤라클레스가 가지고 있던 땅이 남아 있었기 때문이다. 그들은 오래전부터 그들에게 내려오는 권리를 주장하면서 서쪽으로 향해 갔다. 다행스럽게도 도리스 사람들은 두 팔 벌려 그들을 환영해 주었다.

'동맹이 또 다른 적보다 낫다.'라는 게 그들의 생각이었다.

이 현명한 결정은 그들에게 큰 힘이 되었다. 도리스에

서 그렇게 환영받았는데도 헤라클리드들은 이곳에 오기 전에 몇 번이고 거듭됐던 실패를 한시도 잊을 수가 없었다.

그들은 '세 번째 수확에 펠로폰네소스'를 약속했던 신탁이 실현되지 않았기 때문에 씁쓸해했다. 그래서 그들은 그 문제에 대한 설명을 들으려고 다시 델포이로 갔다.

아폴론의 사제는 그들에게 말했다.

"잘못된 것은 신탁이 아니오. 그 뜻을 제대로 읽지 못한 것은 바로 그대들이오. '세 번째 수확'이란 '땅에서 나는 세 번째 추수'를 의미하는 게 아니라 '세 번째 세대' 즉 헤라클레스의 증손자들을 뜻한다오."

그래서 헤라클리드들은 때가 무르익기를 기다리기로 했다. 그러는 동안 그들의 숫자도 불어났고 점차 세력도 커졌다. 그리고 도리스 사람들과 어울려 살고 결혼도 했기 때문에 점점 그들과 구별하기 어려울 만큼 닮아 갔다.

세월이 흐르고 흘러 때는 바야흐로 테베와 트로이 전쟁이 끝날 무렵이었다.

헤라클리드들의 귀향

헤라클리드의 세 번째 세대는 오랫동안 기다려 왔던 '귀향'을 하고 싶어서 못 견뎌 했다.

그들은 그들과 마찬가지로 펠로폰네소스로 내려갈 준비를 해 왔던 막강한 도리스 군대와 힘을 모았다. 그러나 군대를 지휘하는 사람은 헤라클리드인 테메노스와 크레스폰테스 형제와 쌍둥이인 프로클레스와 에우리스테네스 형제였다.

이제 미케네의 왕은 오레스테스의 아들이며 아가멤논의 손자인 티사메노스였다. 그는 메넬라오스와 헬레네의 딸 헤르미오네와 결혼했다.

이 결혼으로 그는 이웃한 스파르타와 힘을 합치게 되어 더욱더 막강한 힘을 자랑하고 있었다.

그러나 헤라클리드와 도리스 군대에게 이런 것은 문제가 되지 않았다. 그들은 벌써 몇 년 전부터 이 전쟁을 준비해 왔기 때문이다. 제아무리 티사메노스라 할지라도 그들을 멈추게 할 수는 없을 것이다. 그들은 승리를 확신하며 전쟁터로 나아갔다. 그들은 이번에는 자신들의 할아버지들이 세 번이나 쓴잔을 마셨던, 바로 그 이스트마스를 통과하는 길은 피하기로 했다.

대신 커다란 함대가 정박해 있는 나우팍토스에서 펠로폰네소스로 들어가는 길을 택했다. 그리고 그곳에서 언젠가 맞은편 해안에 가고 싶어했던 아이톨리아 사람들이 합세하는 바람에 숫자도 한층 늘었다.

배를 출발시키기 전에 그들은 당시로서는 큰일을 하기 전에 반드시 거치는 단계였던 델포이의 신탁을 받았다.

"너희가 트리옵스(Triops: tri는 셋을, op는 눈을 의미한다.)의 안내를 받기만 한다면 모든 것이 너희에게 유리할 것이다."

그러자 군대는 발칵 뒤집혔다. 군대 안에는 그런 이름을 가진 사람이 없었기 때문이었다.

바로 그때, 누군가가 그런 이름을 가진 사람을 만난 적이 있다고 말했다. 그러나 그것은 동쪽 바다 건너 로도스의 멀리 떨어진 섬에서였다는 것이다.

누군가가 외쳤다.

"그래도 반드시 그를 불러와야 합니다."

그러나 테메노스의 생각은 달랐다.

"로도스는 여기서 너무 머오. 그리로 간다고 해도 그 사람을 데리고 올 수 있을지 어떨지도 모르는 일이오. 또 그게 언제가 될지도 모르고. 시간이 너무 많이 걸리면 아르고스 사람들에게 전쟁을 준비할 시간만 주게 될 뿐이오."

"아폴론 신의 충고를 우습게 보았다간 우리는 반드시 지고 말 것입니다!"

많은 사람들이 불안에 가득 차서 외쳤다. 그러자 테메노스도 되쏘아 주었다.

"아르고스 사람들이 눈치채기 전에 재빨리 공격하지 못한다면, 그것이야말로 패배의 지름길이 될 거요. 걱정들 마시오. 멀리 가지 않고도 트리옵스를 찾아낼 테니."

그는 말을 마친 뒤 천막 안을 찬찬히 둘러보았다. 잠시 뒤 그의 눈길이 애꾸눈 말을 타고 있는 아이톨리아인 족장 옥실로스에게서 멈추었다. 테메노스는 그에게로 다가가 물었다.

"펠로폰네소스에 건너가 본 적이 있소?"

"그러믄요, 그곳이라면 제 손바닥 보듯 훤합니다. 저는 몇 년 동안이나 거기를 떠돌아다녔는걸요."

그 말을 듣자마자 테메노스는 의기양양하게 외쳤다.

"우리가 찾던 사람이 여기 있소! 트리옵스가 '눈이 셋 달린 사람'을 뜻한다는 것은 우리 모두가 아는 일이오. 여기를 보시오. 이 사나이에게 눈이 둘, 말에게 하나가 더 있지 않소! 자, 모두들 배에 오를 준비를 하시오. 이제 우리는 바다를 건널 것이오!"

병사들은 일제히 환호성을 질렀다. 그들은 어서 배를 타고 나가 승리의 기쁨을 맛보고 싶었기 때문이다. 테메노스의 기습 작전은 대성공이었다.

펠레폰네소스의 도시들은 차례차례 헤라클리드들의 공격에 무릎을 꿇었다. 티사메노스는 용감하게 싸워 끝까지 버텼지만 아무 소용이 없었다.

결정적인 전투는 레르나 벌판에서 벌어졌다. 이 전투에서 티사메노스는 전사했고 그의 군대는 뿔뿔이 흩어졌다. 그리하여 전투에서 승리한 자들이 펠레폰네소스를 지배하기 시작한 것은 두말할 필요도 없는 일이었다.

전쟁에서 승리한 뒤 헤라클리드들과 도리스인들은 펠

로폰네소스를 나눠 가졌다. 그러나 아르카이아만은 아이톨리아인 옥실로스에게 주었다.

그 밖의 나머지 땅은 제비를 뽑아 나누기로 했다. 미케네를 상징하는 두꺼비가 그려진 제비는 테메노스가, 그리고 메세네를 나타내는 여우가 새겨진 제비는 크레스폰테스가 뽑았다.

그리고 스파르타의 상징인 뱀이 새겨진 제비는 프로클레스와 에우리스테네스 형제가 뽑았다. 이때부터 스파르타는 두 명의 왕이 다스리게 되었다.

마침내 신화 대단원의 막이 내리다

마침내 헤라클리드들은 도리스인의 후손과 함께 고향으로 돌아왔다. 그리고 그와 동시에 신화의 세계는 알쏭달쏭하게 문을 닫아 버린다. 신화는 테메노스의 딸 히르네트와 결혼해서 테메노스에게서 왕위를 물려받은 미케네의 왕 데이폰테스를 끝으로 더 이상 아무 이야기도 해 주지 않는다.

그렇다면 그 뒤는?

그 뒤로는 그리스 신화에 느닷없이 두꺼운 검은 막이 내리게 된다. 여기서 신화시대가 갑작스럽게 끝나 버린 것이다. 미케네 문명은 말 그대로 사라져 버렸다. 그리고 그리스의 모든 도시는 부서져 버렸거나 너무나 하찮은 일들 사이로 가라앉아 버렸다. 왜 이런 일이 생겼는지를 알려 주는 신화나 이야기 한 토막도 오늘날 전해지지 않는다.

단지 미케네를 지배했던 데이폰테스 왕과 히르네트 왕비의 이름을 끝으로, 이후 그들에게 무슨 일이 있었는지는 도무지 알 길이 없었다.

이후 300년 동안이나 계속되었던 길고 어두운 시대를 '그리스의 암흑시대'라고 부르는 이유가 바로 여기에 있다.

그처럼 찬란했던 빛은 사라지고 영광스러운 문명은 산산이 부서져 가루가 되고, 새로운 위업을 노래하는 목소리는 침묵을 지켰다. 그리고 더 이상 새로운 신화는 창조되지 않았다.

그러나 여전히 과거의 영광을 자세히 이야기하는 목소

리는 사그라들지 않았다. 온갖 것을 다 쓸어 가는 거센 바람도 견뎌 내어 입에서 입으로 전해졌던 것이다.

22세대 동안 끌었던 길고 긴 암흑기를 지나면서도 신화는 노래의 작은 불씨를 꺼뜨리지 않았다. 그리고 마침내 그 불씨는 위대한 이야기꾼들을 만나게 되었다. 그들 중 가장 앞서고 위대한 사람은 시인 '호메로스'였다.

호메로스는 이렇게 전해 받은 눈부신 재료들을 가지고 한층 더 찬란하게 빛나는 작품을 만들어 냈다. 그리하여 한때 미케네를 비추던 밝은 빛은 아테네로 옮겨 갔다.

드디어 아테네 사람들이 밝은 곳으로 나오기 시작했다. 아이스킬로스, 소포클레스 그리고 에우리페데스는 불멸의 비극들의 주제를 먼 곳에서 찾지 않았다. 그리스 신화에는 그런 주제들이 널려 있었기 때문이다.

그리고 그들에게는 좋은 작품에 경의를 표하고 열광적인 박수를 보내는 관객들도 있었다. 아테네 시민이라면 누구나 여섯 살부터 열여덟 살까지 예술에 대한 기초 지식을 포함한 교육을 받았다니 놀랍지 않은가? 그러니 그 작품들이 어찌 진부할 수 있겠는가, 걸작이 공연되는 극

장마다 사람들로 가득 차지 않을 수 있겠는가?

우리는 시와 위대한 예술을 숭배한 것이 단지 30만 아테네 시민만이 아니었다는 사실을 잊으면 안 된다. 아테네의 민주주의가 절정에 이르렀을 때 그 영향은 에게해, 소아시아, 시칠리아, 남이탈리아, 심지어 프랑스와 스페인의 지중해 연안까지 미쳤다. 이런 곳에 극장이 세워졌고 그 안에는 사람들이 빼곡히 들어차곤 했다.

그 사람들은 모두 수천 수백 년 전부터 할아버지가 손자들에게 소중한 유산처럼 남겨 준 그리스 신화를 들으며 자라난 사람들이었다.

그리스 신화는 수많은 장애물을 넘고 어려운 시기를 견디면서도 그 힘과 광채를 조금도 잃지 않은, 지칠 줄 모르고 샘솟는 영원한 지혜의 샘이다.

정재승이 추천하는
뇌과학으로 신화 읽기 《그리스·로마 신화》

제1권 키워드 권력
　　제우스 헤라 아프로디테

제2권 키워드 창의성
　　아폴론 헤르메스 데메테르 아르테미스

제3권 키워드 갈등
　　헤파이스토스 아테나 포세이돈 헤스티아

제4권 키워드 호기심
　　인간의 다섯 시대　프로메테우스　대홍수

제5권 키워드 놀이
　　디오니소스 오르페우스 에우리디케

제6권 키워드 탐험
　　다이달로스 이카로스 탄탈로스 에우로페

제7권 키워드 성장
　　헤라클레스

제8권 키워드 미궁
　　페르세우스 페가소스 테세우스 펠레우스

제9권 키워드 용기
　　이아손 아르고스 코르키스 황금 양털

제10권 키워드 반전
　　전쟁 일리아드 호메로스 트로이

제11권 키워드 우정
　　오디세우스

제12권 키워드 독립
　　오이디푸스 안티고네 에피고오니